KB068307

단독자

| 일러두기 |

• 책에 등장하는 인명, 지명 등은 국립국어원 외래어 표기법을 따랐지만
  일부 단어에 대해서는 소리 나는 대로 표기했습니다.

• 국내에 소개되지 않은 도서는 직역하여 표기했습니다.

사이토 다카시 지음
황미숙 옮김

고독에 몰두하며
정상에 우뚝 선 사람들

단독자

RHK
알에이치코리아

고독을 걸어온
선인들의 이야기

  오늘날 현대인의 고독이 커다란 사회적 문제가 되고
있다는 이야기를 자주 듣는다. 고독이라고 하면 '외롭다',
'불안하다', '무섭다', '싫다'라는 말이 자연스럽게 떠오르
는 걸로 봐서, 고독에 대한 이미지가 그리 좋은 것 같지
않다. 특히 최근 몇 년 동안 팬데믹의 영향으로 사람들이
집에서 혼자 시간을 보내는 일이 많아지면서 마음속으로
'고독' 아닌 '고독감'을 괴물처럼 키워버린 경우도 적지
않은 듯 보인다.

하지만 나는 고독보다 '고독감의 괴물화'야말로 비상사태가 아닌가 싶다. 왜냐하면 본래 고독이란 인간이 자신을 성장시키기 위해 꼭 필요한 감정이기 때문이다. 대학입시나 자격시험 공부를 할 때, 혼자서 묵묵히 책상에 앉아있는 시간 없이는 성적을 올릴 수 없다. 다른 사람과 수다를 떨면서 공부해 합격했다는 얘기는 들어보지 못했다. 나아가 분야를 막론하고 위대한 업적을 쌓은 선인들의 일화를 살펴봐도 그들이 뜻을 이루기까지는 홀로 고독하게 문제에 몰두하는 방대한 시간이 있었다는 것을 알 수 있다.

나는 과거에도 《혼자 있는 시간의 힘》,《50부터는 인생관을 바꿔야 산다》 등의 저작을 통해 고독의 효용에 관해 논해왔다. 그런데 지금처럼 고독에 대한 오해가 쌓여 있는 시대는 없었다. 사실 사람들이 불안을 느끼는 이유는 고독이 아닌, 고독감 때문이다.

고독감은 느낌이어서 영령이나 귀신과도 같다. 실체가 없으니, 있다고 생각하면 있고 없다고 생각하면 없다. 이 사실을 분명히 인식하기만 해도 마음가짐이 확연히 달라진다. 또 '친한 친구가 없어서 외롭다'는 식으로 생각하는 것도 적절하지 않다. 본디 인간관계는 반드시 깊고 진하게 사귀는 데에 가치를 두어야 할 사안이 아니기 때문이다. '담백하고 얕은 교류'를 관계의 기본으로 삼으면 고독감으로 고민할 일도 줄어들지 않을까?

그래서 이 책에서는 고독이라는 말 대신 '단독'이라는 표현을 써보았다. 혼자서 행동하는 것을 긍정적으로 받아들이는 자세로, 주위를 의식하며 고독하게 사는 것이 아니라 자신의 의지로 고독 속을 걷고 단독자로서 살아가는 것이다. 지금 우리에게 필요한 마음가짐이다.

교양의 힘으로 고독감을 날려버리자!

이때 무엇보다도 선인들의 지혜가 도움이 된다. 그야말로 '고독의 교양'이라 불러도 될 것이다. 우리와 마찬가지로 고독 속을 걸으며 외로움, 괴로움, 슬픔을 뛰어넘은 선인들의 지혜를 접하면 '나만 이렇게 힘든 것은 아니네' 하는 위로와 함께 용기가 샘솟는다.

동서양을 불문하고 예로부터 오늘에 이르기까지 문학, 음악, 철학, 종교, 희곡, 영화 등 수많은 분야에서 고독과 고독감에 관해 이야기했다. 그러니 그중에서 분명

나의 고독과 교감할 만한 심상풍경心象風景을 찾을 수 있을 것이다. 이처럼 선인들의 작품에는 고독감을 치유하는 힘이 있다.

고독이란 '교양'과 밀접한 관계가 있어서 지성의 힘으로 고독감을 날려버릴 수 있다. 여러분은 부디 교양의 힘으로 고독감에서 벗어나 '사치스러운 고독의 시간'을 성장의 기회로 삼기를 바란다.

이 책에는 내가 지금까지 공부한 교양 전반에 걸쳐 선인들이 쌓아온 고독감에 대처하는 방법이 담겨 있다. 여기서 소개하는 다양한 이야기들을 고독과 연결해 보는 것 자체가 유의미한 일이 될 것이고, 교양에 담긴 선인들의 정신과 연결됨으로써 자연스레 고독감도 이겨낼 수 있을 것이다.

고독에 기반한 새로운 독서 활동에 도전해 보는 것도 즐거운 일이다. 그런 풍요로운 시간을 만드는 데 이 책이 도움이 되기를 바란다.

사이토 다카시

목차

들어가며 고독을 걸어온 선인들의 이야기 4

 1장 잃어버린 고독의 시간을 찾아서

내가 느끼는 감정이 정말 고독일까? 12

자존감을 만드는 고독의 힘 24

 2장 친구가 많지 않아도 행복한 사람들

친구는 꼭 있어야 한다는 착각 46

잡담의 긍정적 효과 55

아들러가 강조한 공동체 감각 65

혼자서 하는 자존감 수업 74

누구나 할 수 있는 자기긍정감을 높이는 법 81

콤플렉스를 에너지로 전환하는 법 90

3장 고독을 교양으로 만드는 축적의 시간

책과 친구가 될 수 있을까? 106

고독한 선인과 만나다 114

문학, 철학, 종교는 고독과 어떻게 마주할까? 129

 4장 자기만의 방을 만드는 은둔의 기술

고독감을 위로하는 엔터테인먼트 150

내 인생을 껴안는 작업 157

운동의 즐거움 164

 5장 나이듦에 관한 4가지 프리즘

청년기의 고독 178

장년기의 고독 188

중년기와 노년기의 고독 193

살았다, 썼다, 사랑했다 204

나오며 자기만의 정원을 가꾸는 단독자들을 위하여 215

참고문헌 218

1장

**잃어버린
고독의 시간을
찾아서**

내가 느끼는 감정이
정말 고독일까?

고독과 고독감은 다르다

최근 여기저기서 고독이 문제시되고 있다. 특히 지난 3년간의 팬데믹으로 사람들 간의 연결고리가 한층 더 약해지면서 사회가 안고 있었던 고독의 문제가 점점 드러나기 시작한 듯하다. 다만, 항간에서 떠드는 것처럼 고독이라는 상태가 정말 나쁜 것일까? 고독으로 힘들다는 사람은 정말로 고독한 걸까? 내 생각에는 '고독'이라는 말이 너무 쉽게, 게다가 부정적인 측면만 강조하여 사용되는 느낌이다.

- 가족도 있고, 직장도 있는데 어쩐지 내가 설 자리가 없다. 고독하다.
- SNS에 팔로우하는 친구는 많지만, 깊이 사귀는 친구는 없다. 고독하다.
- 오늘은 종일 아무도 만나지 않고, 아무것도 하지 않고 집에서 멍하니 시간을 보냈다. 고독하다.

이런 경우는 어떤가? 정말로 고독한 걸까? 정도를 다뤄서 미안하지만, 내 생각에 앞의 사례들은 고독이 아니라 '고독감'에 관한 것이다. 고독과 고독감은 같은 듯 보이지만 다르다. '감感'이라는 한 글자 때문에 의미가 엄연히 달라진다.

고독: 혼자만의 상태.
고독감: 혼자일 때의 기분.

이렇게 정의하면 요즘 문제시되는 고독의 상황들이

대부분 고독한 상태로 인한 고민이 아니라, 자꾸만 찾아오는 고독감 때문에 마음이 흔들리는 것으로 보면 된다. 이 차이를 확실히 알면 어떻게 해서든 고독에서 벗어나야 한다며 강박적으로 먹었던 마음을 떨쳐낼 수 있다. '쓸쓸하고 외로운 것 같지만 기분 문제이니 그리 심각해질 필요 없다'는 식으로 말이다.

고독감이 문득 찾아온다면

빈도와 정도의 차이는 있겠지만 누구나 마음속에 고독감이 퍼질 때가 있다. 오히려 "내 주변은 늘 사람들로 북적거려서 고독감을 느낄 새가 없다"고 하는 사람을 찾는 게 더 어렵다. 그만큼 고독감은 누구나 쉽게 느끼는 감정이다. 왜냐하면 문득 소리 소문 없이 마음에 스며들기 때문이다.

예를 들어, 친한 친구 네 명이 있다고 해보자. 언제나 무엇을 하든 함께했는데, 어느 날 한 사람만 빼고 세 사람이 디즈니랜드에 놀러 갔다. 몰랐다면 그만이지만, 어찌어찌 그 사실이 빠졌던 그 사람 귀에 들어가면 조금은 마음에 상처가 되지 않을까?

단독자

그 상처를 계기로 고독감이 스며들고 마음속에 퍼져 나간다. '나만 따돌려진 거 같아. 이제 어떡하지? 내가 뭔가 잘못한 걸까?' 하고 친구들에게 직접 물어볼 용기도 내지 못한 채 고독감만 더해간다. 그야말로 흔한 경우 아닌가?

또 친구들끼리 단체 채팅을 하는데 자신의 말에만 답이 없다는 사실을 느낄 때도 고독감이 슬그머니 마음을 비집고 들어온다. 이 외에도 '회의에서 발언을 했는데 무시당했다', '나만 연락사항을 전달받지 못했다', '회식에 가자는 얘기를 듣지 못했다', '상사가 말을 걸지 않는다' 등 고독감을 느끼는 상황은 누구에게나 얼마든지 일어난다.

이처럼 고독감이란 녀석은 사람을 가리지 않고, 조금의 틈만 보이면 비집고 들어온다.

고정관념에 둘러싸인 고독감

고독감에는 원형이 없다. 고독감에 사로잡히면 '아무도 경험하지 못한, 내게만 생긴 특별한 아픔'처럼 느낄지도 모른다. 사람들이 종종 "내 기분 같은 건 아무도 모른다"고 말하는 것도 어딘지 모르게 자신의 고독감은 특별하다고 여기기 때문이리라.

물론 인생에서 벌어지는 일들과 그것을 느끼는 방식은 사람마다 다르다. 그래서 특정 하나로 묶어 말하기는 어렵다. 하지만 현실 속의 고독감은 일종의 '고정관념'에 둘러싸여 있다.

실연했을 때의 고독감에 관해 생각해 보자. 고정관념이 얼마나 강한지는 음악을 들어보면 잘 알 수 있다. 대중음악뿐만 아니라 해외 팝, 록, 재즈, 클래식에 이르기까지 여러 종류의 음악을 살펴보면 실연을 테마로 한 곡이 정말 많다. 내가 느끼기에는 요즘 유행가의 절반 이상이 실연에 관한 노래인 듯하다.

그런 노래를 몇 곡 들어보면 내가 느끼는 실연의 고독감과 '같은' 내용을 쉽게 찾을 수 있다. 즉, 내게는 너무나 큰 슬픔이자 고독감이지만 세상에는 흔하다는 사실이다. 따라서 유일무이한 감정으로 느끼며 힘들어할 필요가 없다.

비단 실연뿐만이 아니다. 음악을 비롯해 소설, 연극, 드라마, 영화, 만화 등 창작의 세계에서는 고독감을 다양

16
단독자

하게 그려냈다. 픽션뿐만 아니라 논픽션에서도 고독감은
여러 가지 형태로 나타난다.

혼자일 때 슬그머니 마음을 파고드는 고독감의 정도
는 어떤 경우든 거의 같다. 즉, 고정관념이 작동한다. 여
러분의 실연이나 고독감을 '흔한' 것으로 깎아내리려는
생각은 전혀 없다. 단지 고독감은 대개 기분에 따른 것이
니, 자신만 느끼는 특별한 감정인 양 호들갑스럽게 여기
지 않는 편이 낫다는 이야기다.

근거 있는 고독감

지나친 감수성으로 걸핏하면 '쓸데없는' 고독감에 힘
들어질 때가 있다. 예컨대 앞서 언급한 디즈니랜드 등의
상황에서 상대방에게 어떤 사정이 있었을지도 모른다.
차례대로 그 가능성을 생각해 보자.

- 사이좋은 네 사람 중 셋이 우연히 마주치게 되었는데, 당
  장 디즈니랜드라도 가자는 분위기가 형성되었을 뿐 나머
  지 한 사람을 일부러 따돌린 것이 아니다.
- 다들 조금씩 바빠서 우연히 단체 채팅방에 답장을 할 시

간이 없었을 뿐, 의도적으로 한 사람만 무시한 것은 아니다. 특정한 사람의 메시지만 읽고 반응이 없는 경우가 많다고 해도 그것은 우연일 뿐이다.

- 회의에서 나온 발언은 모두 회의록에 남는다. 회의 종료까지 시간이 얼마 남지 않아 그 자리에서는 발언을 듣기만 했을 뿐. 그 누구도 특정 누군가를 무시하지 않았고, 그 사람이 낸 안건은 다음 회의에서 논의할 예정이다.

- 연락사항이 전달되지 않은 건 단순 실수이다. 우연히 수신처에서 누락되었을 뿐이다.

- 회식에 같이 가자는 말을 하지 않은 것은 바빠 보였기 때문이지 다른 의도는 없다.

- 문제없이 일을 진행하고 있으니 상사가 굳이 말할 필요를 못 느꼈을 뿐이다.

만약 사실이 이러했다면 쓸데없이 고독감을 느낀 게 아닌가? 홀로 힘만 든 셈이다. 그렇다고 고독감을 느낄 때마다 일일이 사람들을 찾아가 사정을 묻거나 상대방의 진의를 확인하기란 번거롭다. 그래서 이 정도의 고독감이라면 고민하는 시간이 아까우니, '적당히 넘기는 것'을 마음의 습관으로 삼기를 권한다. 여기에 도움이 될 만한 글귀를 소개한다.

유령의 정체,
알고 보니 시든 풀 나무.

말 그대로 유령이라고 생각하고 두려워했던 것이 잘 살펴보니, 말라버린 억새였다는 뜻이다. 우리가 '무섭고', '부정적인' 기분이 드는 이유는 대상의 정체를 알 수 없어서다. 정작 정체를 알고 나면 별스럽지 않게 보이는 일이 많다. 고독감도 마찬가지다. 한 번 마음에 파고들면 그 속에서 '고독하다, 외롭다, 불안하다'는 부정적인 감정을 한껏 키워내 괴물을 만들기도 한다.

대개는 그런 감정이 근거 없는 착각에 지나지 않으므로, 고독감이 스며든다 싶으면 이 말을 주문처럼 외워보면 어떨까? "고독감의 정체, 알고 보니 시든 풀 나무." 이렇게 바꾸어서 말이다.

고독감은 막 시작된 감기 같은 것

고독감을 질병에 비유하자면 막 시작된 감기 같다. 감기는 대단한 병은 아니지만 만병의 근원이다. 가벼운 증상이라고 방치하면 폐렴 등의 중병으로 이어질 위험이 있다. 같은 맥락으로 고독감 역시 방치하면 '나는 고독하다. 아무도 나를 좋아하지 않는다' 같은 생각으로 발전하면서 점차 그 증상이 심해진다. 그러면 마음이 우울해지고 최악에는 우울증에 걸리기도 한다. 이런 종류의 우울증은 크게 둘로 나뉘는데 하나는 고독감의 원인을 자기 자신에게서 찾으며 다음과 같이 자신을 낮게 평가하는 경우다.

- 나는 누구에게도 사랑받지 못하고, 누구도 상대해 주지 않는 인간이다.
- 나는 학교와 회사는 물론이고 가족에게도 버림받은 낙오자다.

이대로 두면 기분은 점차 침울해진다. 외출하거나 다른 사람을 만나는 일이 두려워지고, 더한 고독감을 느끼게 된다. 심지어 자살 충동까지 느낄 수 있으니 주의가 필요하다.

다른 하나는 쌓이고 쌓인 억울함을 밖으로 폭발시키는 경우다. 타인과 사회에 매우 공격적인 자세를 보이면서 '나를 업신여기는 이 사회는 아무런 가치가 없다. 이런 사회에서는 살 의미가 없다. 나도 남도 다 부숴버리고 말겠다', '하나 같이 마음에 드는 것이 없다. 누구에게라도 이 증오심을 쏟아내야겠다'라는 생각으로 폭주할 위험성이 있다.

대부분은 이 지경까지 이르진 않지만, 실제로 발생하는 무차별 살상사건을 보면 고독감이 얼마나 사람의 마음을 병들게 하는지 알 수 있다. 어쨌거나 고독감이란 심각하게 받아들일 필요는 없지만 그렇다고 마냥 얕볼 상대도 아니다. 그러니 외롭고 쓸쓸한 기분을 무작정 쌓아두지 않도록 해야 한다.

무엇보다도 고독감이 마음에 들어왔다 싶을 때는 최대한 빨리 쫓아낼 대책을 마련하는 게 중요하다. 감기 역시 초반에 잘 조치하면 증상이 더 나빠지지 않듯이 말이다. '요즘 혼자 있는 시간이 많아서 그런지 사람이 그립

네', '친구가 없어서 외로워'하고 느껴진다면 부정적인 기분을 쌓아두지 말고, 적극적으로 대처하자. 그 방법에 관해서는 앞으로 함께 알아보도록 하자.

자존감을 만드는
고독의 힘

의미 있는 시간을 물거품으로 만드는 고독감

혼자 살다 보면 '그러고 보니 오늘은 종일 아무 말도 하질 않았네' 하는 날도 있기 마련이다. 이는 독거노인이라는 말로 상징되는, 직장도 다니지 않고 가족도 없이 사람들과 일절 교류하지 않고 혼자 사는 노인에게만 일어나는 일이 아니다.

특히 최근 몇 년간 코로나로 원격근무를 권고하는 회사가 늘어나면서 혼자 사는 젊은 직장인들 사이에도 '고독 현상'이 퍼지고 있다. 물론 화상으로 사람들과 교류하기도 하므로, 엄밀히 말하면 '온종일 누구와도 대화를 나누지 않은' 날은 그리 많지 않을 것이다. 그럼에도 직접적으로 '소통한 느낌'이 부족한 탓인지 고독감을 더 심화시키는 측면도 있는 듯하다.

그런데 하루 대부분을 혼자서 보내는 게 문제가 아니다. 그로 인해 생기는 고독감이 '홀로 충실하게 보낼 수 있는 시간'을 물거품으로 만든다는 것이 문제다.

세상이 인정하는 성공한 사람 대다수는 혼자만의 시간에 집무실이나 서재에 틀어박혀 책을 읽거나 생각을 정리하거나 전문지식을 연마한다. 예를 들어, 한 경영자는 이렇게 말했다. "업무 중에서 가장 중요한 일은 혼자 생각하고, 경영전략을 짜는 것입니다. 그 시간을 확보하기 위해 나는 비서에게 특정 시간에는 아무런 일정도 넣지 말라고 당부합니다. 정말로 긴급한 경우를 제외하고는 누가 찾아와도 어떤 연락이 와도 내 시간을 방해하지 않도록 지시합니다." 그만큼 혼자 있는 시간이 중요하다는 것이다.

돌이켜보면 대학입시나 자격시험 등을 준비할 때도

그렇지 않았는가? 혼자서 묵묵히 집중해 공부하지 않으면 성적이 오르지 않고, 합격의 꿈도 이루지 못한다. 혼자만의 시간에 끓어오르는 고독감을 견뎌내지 못하면 뜻을 이루기 힘들다.

꽤 오래전 가수 고 히로미ごうひろみ 씨가 〈잘 부탁해 애수〉라는 곡에서 '만나지 못하는 시간이 사랑을 키운다'라고 노래했는데, 혼자만의 시간이 사랑만 키우는 것은 아니다. 인간의 능력과 감성도 키운다. 혼자 있는 시간은 식물이 쑥쑥 자라기 위해 필요한 기름진 토양과 같다. 따라서 고독감을 겁낸 나머지 혼자서 보내는 시간을 허투루 보낸다면 너무 아깝지 않겠는가!

고독을 단독으로 바꿔 부르자

사람들이 묘한 고독감에 쉽게 사로잡히는 데는 고독이라는 말의 어감도 한몫하는 듯하다. 국어사전에 따르면 고독은 '세상에 홀로 떨어져 있는 듯이 매우 외롭고 쓸쓸함'을 뜻한다. 고아는 '부모가 없는 어린아이'라는 뜻이고, 그 밖에도 고로, 고역, 고군 등 '고'가 붙는 단어에는 어딘지 모르게 외로움이 감돈다. '독'이 들어가는 독

26
단독자

신, 독거, 독방, 독재 등의 단어도 '혼자'의 의미에 부정적인 뉘앙스를 주었을지 모른다.

그렇다면 고독이라는 말을 '혼자 있음으로써 충족함'이라는 의미를 강조하는 다른 말로 바꿔보는 건 어떨까? 영어로도 론리니스loneliness는 외로운 느낌이지만, 솔리튜드solitude로 바꾸어 말하면 '혼자서도 잘 서 있는, 자립적'이라는 느낌을 준다. 고독도 '단독'으로 바꾸어 말한다면 솔리튜드의 의미가 짙어지지 않을까? 가령 혼자 있을 때 "고독하게 시간을 보내고 있다"가 아니라 "단독으로 ○○하고 있다"라고 말한다면 자의로 '혼자'를 선택해 의미 있는 시간을 보내는 것처럼 느껴진다. 단독을 긍정적으로 받아들이기 때문이다.

프리드리히 니체는 《차라투스트라는 이렇게 말했다》에서 고독에 관해 썼는데 그중 "시장의 파리떼에 대하여"라는 글에는 이런 구절이 나온다.

달아나라, 벗이여, 그대의 고독 속으로.
사나운 바람이 거세게 부는 곳으로.
파리채가 되는 것이 그대의 운명이 아니다.

어쩌면 이리도 박력이 넘치는가. 대부분 사람은 고독을 피해야 한다고 말하는데 니체는 스스로 고독 속으로 뛰어들라고 말한다.

세상은 뛰어난 능력을 갖춘 사람을 시기한다. 심지어 시샘과 성가심 때문에 재주가 아주 뛰어난 사람을 사회에서 배제하려고 할 때도 있다. 프리드리히 니체는 그런 자들을 '파리'에 비유했다. 대략 풀이해 보면 이런 말이 아닐까. "제멋대로 너를 깎아내리려 하는 바깥의 소리에 마음 쓰지 마라. 파리처럼 윙윙 시끄럽지만, 그들을 일일이 상대하기에는 시간이 너무 아깝고, 괜한 상처만 받을 뿐이다. 어리석은 자들이 판치는 사회에서 벗어나 너만의 고독 속으로 달아나라. 그리고 그 속에서 창조의 길을 걸어라."

고독으로 움츠러들 때는 "달아나라, 그대의 고독 속으로" 하고 소리 내어 말해 보자. 무리에 속하지 못해 불안해지는 마음을 날려 보낼 수 있을 것이다.

고고한 사람이 되어라

같은 외톨이라도 고독한 사람이 아닌 '고고한 사람'이

라고 표현하면 어감이 전혀 다르다. 다른 사람들과 영합하지 않고, 홀로 초연히 높은 경지에 있는 것 같은 멋진 느낌을 준다. 게다가 고독이라는 말에는 왠지 모르게 다른 것들로부터 배제된 듯한 외로움이 풍기지만, 고고라는 말에는 고독감에 눌리지 않는 강인함이 느껴진다.

나는 십 대 시절부터 고고한 사람이 되고 싶었다. 중학교 3학년 때 읽은 요시카와 에이지吉川英治의《미야모토 무사시》에 영향을 받은 면이 컸다. 주인공 무사시는 어릴 때부터 정말 열심히 검술을 익혔다. 열세 살의 나이에 목숨을 건 첫 승부에 임했고, 당시 이름 있는 무사를 이긴 것으로 보아 비범했던 게 틀림없었다.

게다가 열여섯이 되는 해에는 강한 적을 이겼고, 스물하나의 나이에 도시로 나와서 천하에 이름이 알려진 무예가를 상대로 몇 차례의 승부에 임했는데 그 결과 역시 전승이었다. 또한 여러 지역, 여러 파의 무예가들과 싸우며 스물아홉까지 60번이 넘는 승부에서 단 한 번도 진 적이 없었다. 그 무렵 '무사 수행의 마지막 승부'로 불리는 결투가 그 유명한 사사키 코지로佐々木 小次郎와의 간류지마 결전이다. 소설에서도 클라이맥스로 그려진다.

소설을 통해 무사시의 생애를 접한 나는 그의 고고함에 큰 감명을 받았다. 명망 높은 무예가들에게 도전하여 승리를 거듭한 약 20여 년의 궤적에서 그가 한 마리 늑대처럼 살아가는 멋진 모습을 보았기 때문이다. 어린 나는 '고등학생이 되면 무사시처럼 살 테다. 고고한 사람이 되겠어'라고 마음먹었다. 그 순간 '남들과 똑같은 일을 해서는 안 된다. 사람들과 다른 무언가를 하고 싶다'는 생각을 하게 되었다.

물론 다소 지나친 면도 있었다. 고고함을 목표로 삼은 탓에 필요 이상으로 고독해졌기 때문이다. 내가 과했다는 것을 깨닫게 해준 것은 나카지마 아쓰시中山敦의 《산월기》라는 책이었다. 줄거리를 간단히 소개하면 이렇다.

무대는 당 왕조 시대의 중국으로, 주인공 이징은 젊은 나이에 무척이나 어려운 관료등용시험에 합격했다. 그런데 어려서부터 천재라 일컬어진 그는 높은 자존심 때문에 주위 사람들과 어울리지 못했고, 소위 말하는 허드렛일이 싫어서 공무원을 그만두고 만다. 이징은 시인이 되고자 했다. 역사에 남을 만한 시를 쓰고자 한 것이다. 그런데 일은 뜻대로 풀리지 않았고, 이징은 자신의 재능을 알아주지 않는 세상이 점차 미워졌다. 그런 한편으로 살림살이는 더욱 곤궁해져 어쩔 수 없이 하급 공무원으로 일하게 된다. 그로서는 부끄럽기 그지없는 일이었다. 그런 자신의 처지를 받아들이지 못한 이징은 결국에는 미쳐서 호랑이가 되고 만다.

중국에서는 호랑이를 '백수의 왕'으로 여긴다. 이징이 호랑이가 된 것도 어떤 의미에서는 자신이 이상理想으로 삼던 강인함에 대한 동경을 상징한 것이라 할 수 있다. 그건 그렇고, 나는 이 소설을 통해 혼자서 재능을 연마하는 데 한계가 있다는 것을 배웠다. 이징이 평범하게 사회에 섞여서 시를 짓고 자신의 시에 대한 평가를 겸허히 받아들이며 다른 사람들과 절차탁마했다면 조금은 다른 결과에 다다르지 않았을까? 고고함만을 추구한 나머지 더 성장할 수 있는 자신의 능력을 저 스스로 깎아버린 건 아닌지 하는 아쉬움이 남는다.

이징의 높은 자존심은 역설적이게도 자신의 가능성을 꺾고, 본래 가지고 있던 '큰 뜻'을 '비겁하고 작은 뜻'으로 왜곡했다고 밖에 생각되지 않는다. 현실이 이상을 좇아가지 못해 자존심을 유지하지 못하게 되자 고독감에 사로잡힌 것이리라. 그의 이야기가 마치 내 일처럼 여겨져 다음처럼 생각했다.

'고고함 자체는 훌륭한 태도다. 뜻을 높이 세우고, 더 높은 곳을 지향하는 자세니까. 하지만 한 마리의 늑대가 되려고 한 나머지, 사람들과 서로 도우며 성장할 기회를 놓칠 수도 있다. 무사시도 홀로 검술을 수행한 것은 아니지 않은가. 여러 유능한 무예가들과 목숨을 걸고 대결하며 기술을 배웠다. 나 역시 홀로 늑대인 척하기에는 아직 너무 어리다. 사람들과 서로 성장시켜줄 수 있는 공간에 있는 것이 더 중요하다.'

고고함의 경지를 추구하는 것은 훌륭한 일이고, 이를 위해 홀로 연마하는 시간을 갖는 것도 필요하다. 하지만 사람들과의 교류를 일절 거부해서는 안 된다. 그러면 그저 고독감만 짙어질 뿐이다.

홀로 애쓰는 시간 그리고 주위 동료들과 서로 돕고, 경쟁하고, 자극을 주고받는 시간 사이에서 균형을 잡도록 하자. 그래야만 비로소 고독감에 눌리지 않는 '고고한 사람'이 되는 길이 열릴 것이다.

일본의 청년들 사이에서는 '리얼충'이라는 말이 자주 쓰인다. 현실 생활에 충실한 사람들을 일컫는 말로, 구체적으로는 보람 있는 일에 종사하면서 식사나 여행을 함께 즐길 친구가 많고 미혼이라면 좋은 연인이 있거나 기혼이라면 따뜻한 가정을 꾸린 사람을 가리킨다. 주로 SNS를 많이 하는 사람들이 자신의 생활을 자학적으로 이야기하면서 쓰이기 시작했다고 한다.

지금은 더 확대되어 SNS상이 아니더라도 리얼충을 부러워하는 말을 곳곳에서 들을 수 있다. 그리 활력 넘치지도 않고, 화려하지도 않으며, 지극히 평범하게 사는 대부분 사람에게 리얼충은 일종의 동경 대상이기 때문이다. 리얼충을 부러워하는 것은 괜찮다. 하지만 부러움과 달리 현실은 만만하지 않다는 사실에 좌절하거나 '리얼충' 무리에 끼지 못해 괴로워하는 것은 문제다. 그런 사람에게는 '단독자의 길'이 있다는 걸 알려주고 싶다.

내가 말하는 단독자의 길이란 고독을 사랑한 선인들, 요즘 말로 하면 리얼충 프롤레타리아 같은 사람들이 '리얼충이 다 무슨 소리냐! 인생을 어떻게 즐길지는 개인의 자유다. 리얼충이 어떻게 살든, 혼자 보내는 시간이 소중하다'며 목소리를 높이고, 고독 혁명이라도 일으키려 하는 그런 길을 의미한다.

무리에 끼지 못하면 살아남지 못했던 옛날, 혹은 평범해 보이기 위해 결혼해서 가정을 꾸려야 했던 시절에는 '사람의 길'이 아니었겠지만, 시대가 변하면서 고독을 구가하는 사람들이 백 명, 천 명, 만 명으로 늘어난 덕분에 단독자의 길이 정비되었다.

여기서 이 길의 공헌자라고 할 만한 선인 다네다 산토카種田山頭火, 미야자와 겐지宮沢賢治, 미시마 유키오三島由紀夫라는 세 인물을 소개한다. 그들의 글에는 단독자로서 살아가는 마음가짐과 아름다움이 표현되어 있다.

다네다 산토카, 혼자이기에 타인과 연결되다

다네다 산토카는 전국을 떠돌며 자유롭게 시를 노래한 인물로 유명하다. 집을 버리고, 사랑하는 이와 헤어지는 등 속세와의 연을 끊고 방랑을 계속한 그야말로 단독자 그 자체가 아닌가 싶다. 게다가 당시 당연하게 답습되었던 하이쿠(일본 고유의 단시형-옮긴이주)의 5·7·5 형식을 깨고, 숫자에 얽매이지 않는 자유로운 하이쿠를 지은 것에서도 단독자로서의 면모를 엿볼 수 있다.

일반적으로 고독한 사람은 '어차피 나 같은 게 뭘 할 수 있겠어'라는 생각 때문에 자존감이 낮기 마련인데, 산토카는 그런 이미지를 뒤엎는다. 때때로 자학적인 면모를 보일 때도 있지만, 삶의 자세는 기본적으로 밝고 진취적이다. 높은 자존감 덕분에 자기 생각대로 살아갈 수 있었던 것이리라. 이를 상징하는 구절이 바로 이것이다. "거미는 그물을 치고 나는 나를 긍정한다." 자신을 긍정하며 살아가는 결의를 담고 있다. 그물을 치며 시간을 보내는 거미의 목숨을 건 활동에 빗대어 노래했다는 점이 그답다.

그의 시에는 벌레나 새, 풀이 자주 등장한다. 자연 속에서 살면서 작은 생명체를 따뜻한 시선으로 바라보게 된 것이 아닐까? 홀로 살다 보니 자연 속에서 공생하는 다른 생물과 연결되기 쉬운 환경이 형성된 것인지도 모르겠다.

혼자 있는 것은 외롭지만 마음이 편하기도 하다. 다네다 산토카의 시를 읽으면 '고독은 여러 감정을 불러일으

키는구나' 싶다. 혼자만의 시간을 소중히 여기고, 삶의
활력을 끌어올리는 시를 소개한다.

까마귀는 울고 나도 혼자 있는

그대로의 잡초로서 싹이 트네

가을바람 가고 싶은 곳으로 갈 수 있는 만큼

어머니는 어머니대로 나는 나대로 잠 못 이루네

술에 취해 잠들어 보았네

역시 혼자는 외로운 시든 풀

역시 혼자는 외로운 잡초

어찌할 도리가 없는 내가 걷고 있다

따뜻한 흰 쌀밥이 있다

다네다 산토카의 하이쿠 문집은 인터넷으로도 쉽게
찾아볼 수 있다. 꼭 한번 그가 말하는 고독의 세계를 만
나보길 바란다.

미야자와 겐지, 공동체 감각으로 사회와 연결되다

작가 미야자와 겐지에게는 호사카 가나이保阪 嘉内라는

벗이 있었다. 두 사람은 모리오카고등농림학교(현 이와테 대학 농학부)의 기숙사에서 같은 방을 쓰게 되면서 의기투합한 사이다. 함께 〈아자리아〉라는 잡지도 만들었다고 하니 상당히 친밀한 사이였던 듯하다.

그런데 겐지와 가나이는 결국 헤어지고 만다. 가나이가 〈아자리아〉에 투고한 글이 물의를 일으켜 퇴학 처분을 받았기 때문이다. 이 갑작스러운 이별로 겐지가 느낀 외로움이 얼마나 컸을지 상상하기 어렵다. 《바람의 마타사부로》를 읽어본 적이 있다면 '아, 가나이가 바로 마타사부로의 모델이구나' 하고 바로 알아차릴 것이다. 가나이는 《은하철도의 밤》의 캄파넬라에도 투영되어 있다. 캄파넬라는 주인공 조반니의 벗으로, 따돌림을 당해 언제나 고독했던 소년 조반니를 따뜻하게 감싸준다.

미야자와 겐지의 실제 인생을 방불케 하는 이런 작품을 읽으면 겐지가 언제부터인가 '단독자'로서의 삶을 받아들이고 살았다는 것을 잘 알 수 있다. 그런 겐지는 〈봄과 아수라〉라는 시에서 자신을 두고 "나는 혼자만의 아수라"라고 표현했다. '아수라'란 중생이 선악의 업에 따라 처하게 되는 여섯 가지 세계 중 하나로, 격한 감정이

나 분노, 싸움을 나타내는 말이다. 아마도 겐지는 마음속에 혼자만의 세계를 갖고, 고독과 싸웠던 것이 아닐까? 첫 구절에는 이런 글귀가 나온다.

푸르름 사월의 기층의 빛의 밑바닥을
침이 빠끔빠끔 들이키다
나는 혼자만의 아수라인 것이다

굉장한 기백이 느껴지지 않는가? 이 시를 포함한 동명의 시집은 겐지가 스스로 '심상 스케치'라고 불렀듯이 자신의 내면을 드러내고 있다. 단독자로서 삶의 자세에서 긴장감이 느껴진다. 게다가 겐지는 평생을 독신으로 살면서 여성과 사귄 적이 없다고 알려져 있는데, 그렇다고 해서 외로운 인생을 보낸 것은 아니다.《은하철도의 밤》의 조반니를 통해 '진정한 행복이란 다른 사람을 위해 사는 것'이라고 그렸듯이 그는 사회, 주위 사람들과 연대감을 형성하고 있었다.

여러분 중에도 결혼에 뜻이 없는 분이 있겠지만, 결혼하지 않으면 고독해서 힘들 것이라는 생각은 난센스다.

미야자와 겐지가 걸었던 단독자의 길이 있다는 사실을 잊지 말자. 우리는 일을 통해서도 사회와 연결되어 공동체 감각을 얻을 수 있다. 얘기가 다소 길어졌지만, 미야자와 겐지의 〈고별〉이라는 시 역시 단독자로서 살아가는 데 힌트가 된다.

이 시는 겐지가 고향 이와테의 농업학교 교사를 그만둘 때 학생들을 생각하며 쓴 작품이다. 음악을 좋아했던 겐지는 학생들의 악기연주를 칭찬하며 "하늘이 주신 재능의 원석을 갈고닦으라"는 메시지를 담았다. 특히 마지막 구절이 마음에 남아 소개한다.

다들 도회지로 떠나거나
온종일 빈둥거리며 놀 때에
너는 홀로 저 돌밭의 풀을 베어라
그 외로움으로 너는 소리를 만들어라
수많은 모욕과 궁핍
그것을 잘근잘근 씹어서 노래하라
만일 악기가 없다면
알겠니, 너는 나의 제자다

있는 힘을 다하여

하늘 가득하게

빛이 만들어준 파이프오르간을 치면 되리니

나는 이 시를 너무 좋아해서 졸업을 앞둔 학생들의 마지막 수업에서 언제나 함께 소리 내어 읽는 시간을 갖는다. 각자 스마트폰으로 검색한 후에 시를 읽게 하는데, 이 시가 학생들의 스마트폰에 저장되기를 바라는 마음에서 제안한 것이다. 외로움으로 소리를 만든다니 이 얼마나 멋진 표현인가! 단독자의 길을 걷는 이들이 고독으로 아름다운 멜로디를 창조하고 연주하는 모습에는 삶의 환희가 가득하지 않을까.

미시마 유키오, 고독의 시간은 아름답다

고독의 시간은 사치스럽고 아름답다. 소설가 미시마 유키오는 1964년 도쿄 올림픽에 관해 쓴 글에서 아쉽게 메달을 놓친 다나카 사토코의 레이스 후 모습을 이렇게 묘사했다.

"수영을 끝낸 다나카 양은 코스로 돌아와 잠깐 로프를

잡고 있었지만, 다시 홀로 누구보다도 멀리 유유히 헤엄치기 시작했다. 코스 중반까지 헤엄쳐갔다. 그 고독한 모습은 어떤 의미에서는 멋지고 사치스러워 보였다. 전력을 다한 후에 1만여 관중이 보는 앞에서 그렇게 느긋이, 이다지 마음 가는 대로 펼쳐 보일 수 있는 그녀의 고독. 그 고독은 오로지 그녀 혼자만의 것이며 그 어떤 짐도 어깨에 지고 있지 않다. 1억 국민의 무게도 실려 있지 않다."(〈도쿄 올림픽, 문학자가 본 세기의 제전〉)

미시마의 눈에는 다나카 사토코의 고독한 모습이 멋스러워 보인 것이다. 레이스 후의 모습을 이렇게 그려내다니 과연 작가답다. 다나카 사토코는 이전 로마 올림픽 배영 100미터 경기에서 동메달을 딴 터라 도쿄 올림픽에서도 메달권 진입에 대한 기대감이 상당히 높았으리라 생각된다. 그만큼 부담도 컸을 텐데 레이스를 끝낸 순간 얼마나 큰 해방감을 느꼈을까.

후, 크게 숨을 뱉고서 힘을 빼고 코스의 중간까지 헤엄쳐가는 그 여유로운 모습이 미시마의 문장으로 선명하게 살아난다. 그녀의 이 혼자만의 시간은 '사치스러운 고독'이라고 부를 수 있다. 단독자의 길을 걸으면 이렇게나 사치스럽고 아름다운 시간을 맛볼 수 있다.

　이상, 세 선인 외에도 단독자의 길을 개척한 사람은
무수히 많다. 다음 장에서도 곳곳에서 소개할 테니 고독
의 훌륭함을 경험하길 바란다.

2장

———

친구가 많지 않아도
행복한 사람들

친구는 꼭
있어야 한다는 착각

무인도에서는 고독을 느끼지 않는다?

무인도에서 혼자 사는 상상을 해보자. 깊은 외로움으로 몸도 마음도 시들어버릴까? 그렇지 않을 것이다. 물론 혼자 생활하는 것은 고독한 일이다. 하지만 애당초 사람과의 교류가 일절 없는 곳이니 혼자 시간을 보내는 것 말고는 선택지가 없다. 게다가 고독이 가져오는 외로움보다도 '혼자서 어떻게 살아가지?'라는 고민이 훨씬 심할 것이다. 그러니 고독감에 빠져 있을 여유가 없지 않을까?

반면 직장이나 가정에서는 어떤가? 적어도 사람이 있으니 외롭지는 않다. 그런데도 마음이 고독감에 침식될 가능성은 다분하다.

사람은 혼자 있을 때 고독을 느끼는 게 아니라 주변에 사람이 많더라도 '나는 혼자'라는 생각이 들 때 외로움을 느낀다. 집단 속에 있으면 아무래도 '전체의 틀에서 벗어나고 싶지 않다'는 마음이 작용한다. 즉, 타인과의 관계 때문에 고독감이 생기는 것이다.

나 역시 그랬다. 대학에 가기 위해 시즈오카에서 도쿄로 이동해 왔을 때 처음에는 어딜 가도 사람이 많은데 나만 외톨이인 것 같아 무척이나 외로웠다. 지방 출신은 이런 고독에 빠지기 십상이다. 경험해 본 사람이라면 잘 알 것이다. 하지만 잘 생각해 보자. 무인도에서 사는 것보다 때로는 고독감에 사로잡힐지언정 사람들과 부대끼며 사는 편이 훨씬 재미있지 않을까? 그러니 인간관계에 지쳐 외로운 마음이 든다면 '무인도에 있는 것보다야 낫지'라고 스스로 다독여도 좋겠다.

깊이 교류하지 않아도 된다

관계에서 비롯되는 고독감의 근원에는 벗을 원하는 욕구가 자리하고 있다. 최근에는 고독감으로 힘들어하는 청년들에게 뭐든지 상담할 수 있는 친구를 사귀라고 조언하는 사람들도 있다고 한다. 틀린 말은 아니지만, 역으로 친구가 적은 사람들을 몰아세우게 될 수도 있다. '나는 그렇게 친한 친구는 없어'라며 오히려 풀이 죽을 수 있으니 말이다. 그래서 나는 이렇게 조언한다.

아주 친한 친구가 없어도 괜찮다. 이렇게 알려준 이는 사상가 후쿠자와 유키치福澤諭吉 선생이다. 그는 "내게 막역한 벗은 없었다"고 딱 잘라 말했다. '막역한 벗'이란 매우 친밀한 친구, 친우를 말한다. 친우는 요즘에 잘 쓰지 않는 말인데 중국의 고전《장자》(대종사 편)의 다음 이야기에서 유래되었다.

네 명의 인물이 대화하는 가운데, '죽음과 생은 사실 하나다. 이를 아는 자라면 친구가 되고 싶다'는 이야기가 나와 일동이 얼굴을 둘러보니 '마음에 어긋남이 없다'며 의기투합했다. 그리고 친밀한 관계가 되었다.

비슷한 말로 문경지교刎頸之交가 있는데, '친구를 위해서라면 서로 목이 베여도 후회하지 않을 만큼 친밀한 관계'를 뜻한다. 그런데 이 정도까지 생각할 수 있는 친구는 거의 없다.

잘 알려진 이야기로 다자이 오사무太宰治의 단편소설 《달려라 메로스》에 나오는 메로스와 세리눈티우스의 관계를 들 수 있다. 줄거리는 이렇다. 메로스는 폭군인 왕을 암살하는 데 실패해 사로잡힌다. 그러나 여동생의 결혼식에 참석하기 위해 사흘간 보석으로 풀려나오는데, 이때 그를 대신해 인질로 잡힌 이가 바로 친구인 세리눈티우스다. 결혼식을 마친 메로스는 다시 돌아가기 위해 달리고 또 달리지만, 도중에 한 번 좌절될 뻔한다. 그런데도 약속대로 돌아왔고 폭군은 이에 감동해 메로스를 살려준다.

여러분이 세리눈티우스라면 어떨까? 아무리 친구라고 해도 자신의 목숨을 대신 걸 수는 없을 것이다. 이야기 자체는 매우 감동적이지만, 현실에서는 그 정도로 친한 친구를 사귀기 어렵다. 아니, 그만한 친구는 없어도 된다고 하는 편이 솔직한 얘기다.

절친한 친구를 원하는 마음에 찬물을 끼얹을 생각은 없지만, 친우라는 말 뒤에 숨은 이런 이야기를 떠올리면 마음이 가벼워진다. '친한 친구는 있어도 좋고, 없어도 좋고!' 이렇게 생각하면 관계에 대한 부담도 줄고, 타인을 대할 때 묘하게 저자세를 취할 것도 없이 후쿠자와처럼 지극히 보통의 교류를 할 수 있을 것이다. "막역지우? 그렇게 부를 만한 친구는 없지!" 하고 가볍게 말할 수 있는 강인한 면모야말로 멋지지 않은가.

인간관계는 담백하게

후쿠자와가 사람과의 교류를 싫어하거나 어려워한 인물은 절대 아니었다. 오히려 사교에 능한 편이었다. 그가 실천한 인간관계의 기본은 한마디로 '담백한 관계'로, 사람에게 너무 끌려다니지 않는 것이었다. 긴밀한 관계는 마음의 거리가 가까운 만큼 끈적거리는 진흙탕에 같이 빠지기 쉬운 듯하다.

상대방이 내 기대대로 행동하지 않거나 나를 소중히 여기지 않는 것에 불만이 생기면 관계가 갈등으로 번지기 쉽다. 그래서 좋은 관계가 지속되지 못하고 "그렇게 친하게 지냈는데 결국 미워하며 얼굴도 보지 않게 되다니"라고 말하는 상황이 종종 생기기도 한다. 이런 의미에서도 인간관계는 친밀한 것보다 담백한 게 덜 힘들다. 후쿠자와는 막역지우 대신 '새로운 벗'을 사귀도록 권한다.

인간의 교제는 번다하여 셋, 다섯 마리의 붕어가 우물 속에서 낮 밤을 보내는 것과 다르다. 사람이 되어 사람을 멀리하지 말라.

후쿠자와의 저서 《학문을 권함》의 한 구절이다. 인간의 교제를 붕어의 것과 비교하여 이야기하다니 후쿠자와다운 유머가 느껴진다. "셋, 다섯 마리의 붕어가 우물 속에서 낮 밤을 보내는 것과 다르다"는 말을 풀이해 보면 이렇다. 인간이기에 넓은 세상에서 다양한 사람과 교류하고, 그 속에서 여러 가지를 배우며 힘을 합해 무언가를 추진하면 된다. 인간관계를 맺는 일을 겁내거나 싫어하지 말고 누구와도 사이좋게 지내도록 하라.

친구가 별로 없어서 고민하는 사람들이 '그게 안 되니까 외롭다고 하는 것 아니냐'며 반발할 듯한데, 후쿠자와는 이렇게도 말했다. "열 사람 중 한 명, 나와 마음이 맞는 사람을 발견하는 우연이 있다고 한다면 스무 사람을 만나면 두 명이라는 우연을 만날 수 있다. 그러니 많은 사람을 만나고 교제하면 좋다."

야구에 빗댄다면 '타율 1할'이면 되니 그리 부담 없지 않은가. 게다가 SNS라는 도구를 활용하면 마음이 맞는 사람을 쉽게 찾을 수 있고, '새로운 친구', '담백한 교류'를 키워드로 삼으면 의외로 어렵지 않게 인간관계를 넓힐 수 있지 않을까? 게다가 후쿠자와는 《학문을 권함》에서 교제에 관해 이렇게 말했다.

안색과 용모가 단정하며 활발하고 유쾌한 것은 사람의 도의 중 하나로 인간관계에서 가장 중요하다. 사람의 안색은 집의 대문과도 같아서, 널리 사람이 오가고 자유롭게 하려면 먼저 문을 열고 입구를 청소하여, 손님이 드나들 곳을 좋게 만드는 것이 긴요하다.

요컨대 '웃는 얼굴이 천객만래의 인간관계를 부른다'는 말이다. 현관이 깨끗하게 청소된 집을 많은 손님이 찾듯이 늘 웃는 얼굴로 좋은 기분을 유지할 때 사람이 모인다는 말이다. 과연 맞는 말이다. 기분이 나쁘지 않은데도 뾰로통한 표정을 짓고 있거나 화가 난 얼굴을 한 사람이 있다. 그런 얼굴을 보면 누구도 가까이 가고 싶지 않을 것이다. 그럼 결국 사람들이 멀리하게 되니 의식적으로나마 미소를 짓는 것이 좋겠다.

'인간관계는 담백하게!'를 모토로 삼아 틀을 넓혀보길 바란다.

잡담의
긍정적 효과

친구는 없어도 되지만, 종일 누구와도 대화를 나누지 않는 날이 계속된다면 그건 문제다. 소통이 점점 귀찮아져서 스스로 '고독의 냄새'를 풍기게 되기 때문이다. 상상해 보라. 고독의 냄새가 나는 사람과 만나고 싶은가? 따라서 소통을 아예 하지 않는 것은 좋지 않다.

표도르 도스토옙스키가 시베리아에서 4년간 옥중 체험을 하며 보고 들은 이야기를 바탕으로 쓴 《도스토옙스키, 죽음의 집에서 살아나다》라는 작품에는 이런 글이 나온다. "인간은 순종하는 동물이며, 어떤 것에든 익숙해지는 존재이다."

옥중의 매서운 현실에도 익숙해지기 마련이니, 일상에서 누구와도 말을 나누지 않는 정도에는 금세 익숙해진다. 하지만 익숙해졌다고 해서 괜찮다고 할 일은 아니다. 우선 소통할 때 사용하는 근육이 눈에 띄게 쇠약해지기 때문이다. 내가 생각하기에 사흘이면 꽤 약해지는 듯하다. 우주에서 얼마간 무중력 상태에 있던 우주비행사가 지구로 돌아오면 근육이 현저히 약해져 중력을 견디기 힘들어지는 것과 비슷하다.

'소통 근육'은 소통이라는 부하가 있어야 단련되는데 부하가 없으면 당연히 약해질 수밖에 없다. 고독감으로 고민하는 단계는 순식간에 건너뛰고 점차 '고립'되어 가는 것이다. 동시에 대화 상대 없이 지내는 시간이 길어질수록 재활은 더욱 어려워진다. 그렇게 심해지기 전에 손써야 한다. 잡담을 통해 소통 근육을 단련하는 것이다.

하루에 세 사람과 잡담하기

도쿄로 상경했을 때, 나 역시 왠지 모를 고독감에 젖어 소통 근육이 약해질 뻔했다. 그런 나를 구해준 분들은 마을 곳곳의 '수다스럽고 마음씨 좋은 아주머니들'이었다. 연령대는 대략 마흔에서 일흔 내외의 분들이었다.

가령 과일가게 주인아주머니. 귤로 유명한 시즈오카 출신인 나는 귤을 하루에 많게는 스무 개 정도 먹는다. 그래서 매일같이 스무 개의 귤을 사러 과일가게에 갔다. 가게 주인아주머니는 그런 내가 신기했는지 하루는 이렇게 말씀하셨다.

"오늘도 귤 사러 왔어요? 귤을 참 좋아하나 봐요."

"아, 제 고향이 시즈오카거든요."

"아, 그래요?"

"저도 모르게 자꾸 먹다 보면 금세 손이 노래져요."

"아이고, 그러고 보니 정말 손이 노랗네요!"

아주 짧은 대화였지만 아주머니와 잡담을 나눈 것이다. 또 매일같이 다니던 식당의 주인아주머니도 좋은 잡담 상대가 되어 주셨다. 내가 늘 크로켓 정식만 먹다 보니 자연스레 내 얼굴을 익히셨던 모양이다. 여기에 목욕탕 주인아주머니까지. 내게는 세 분이 '잡담 트리오'였던 셈이다. 모두 거의 매일 만나며 얼굴을 익혔다.

대화시간이라고 해봐야 겨우 2~3분으로 별스럽지 않은 이야기를 나누지만, 매일 이루어지는 그 잡담 습관이 나의 소통 근육을 단련하는 데 상당한 도움이 되었다. 그래서 집에서 은둔하는 분들이 있다면 이렇게 말씀드리고 싶다. "매일 얼굴을 보는 사람 중 하루에 세 명과는 꼭 잡담을 하겠다고 마음먹고 습관으로 만들어 보세요."

물론 잡담 상대가 꼭 아주머니여야 하는 건 아니다. 잡담 초보자에게는 수다를 즐기는 아주머니가 편하게 대화할 수 있는 상대라는 뜻일 뿐이니까. 핵심은 대화를 하지 않아서 생기는 고독감 증상이 가벼울 때는 잡담을 통해 대처해 두자는 것이다.

최애가 있는 인생은 훌륭하다

요즘은 SNS 덕분에 굳이 가까이서 대화 상대를 찾지 않아도 된다. 그래서 누군가의 팬이 되거나 좋아하는 취미가 생기면 공감대를 형성할 사람을 쉽게 만날 수 있다. 그렇게 연결고리가 생기면 인터넷상에서도 잡담이 가능해진다. 그럼 실제로 아무도 만나지 않고 혼자 보내는 시간이 길어져도 비교적 외로움을 덜 느끼게 된다.

내가 가르치는 학생 중에도 이른바 '최애'를 중심으로 생활하는 아이들이 있다. 수업할 때마다 매주 학생들에게 근황을 물어보는데, 그럼 언제나 최애, 자신들이 좋아하는 가수에 관해 이야기한다. 예를 들면 이런 식이다.

- "제 최애의 콘서트에 다녀왔어요. 콘서트가 끝나고 사진 촬영을 하는데…"
- "제 최애가 뮤직비디오를 올렸어요. 가장 멋진 장면은…"
- "제 최애의 인터뷰 기사가 ○○ 잡지에 실렸는데…"

자신의 근황이 아닌 '최애'의 근황을 이야기하지만, 나는 그것도 나쁘지 않다고 여겨서 굳이 "네 이야기를 해봐"라고 말하지 않는다. 사람은 저마다의 세계를 가지고 살며, 엄밀히 말해서 나 자신에 관해서만 이야기하는 것은 불가능하기 때문이다.

게다가 학생이 "이번 주도 제 최애에 관한 이야기인데요" 하고 즐겁게 말을 꺼내기 시작하면 듣는 나마저 기분이 좋아진다. 최애에게 무슨 변화가 있었나 하고 기대하게 되기 때문이다. 내 일도 아닌데 '이번 주에는 어떤 일이 있었을까?' 하고 흥미진진하게 듣게 되는 면이 있다.

물론 학생이 최애만 따라다니는 건 아니다. 전국 각지에서 열리는 최애의 콘서트에 가기 위해 아르바이트를 하기도 하고, 친구들과 SNS로 최애에 관한 소식을 나누며 열심히 자신의 하루를 보낸다. 말하자면 최애를 중심으로 생활이 돌아가는 셈이다. 이런 형태로 애정을 쏟을 대상이 생기면 그것을 중심으로 일상의 에너지가 순환되는 것 같다.

이렇듯 최애나 덕후가 될 만한 무언가가 있으면 생활 전반에 변화가 생긴다. 주위에 친구가 없어도 외로운 기분이 들지 않는다. 그래서 나는 고독감을 줄이기 위해서라도 최애를 '최애'하기를 추천한다.

카페에서 두 시간도 대화가 이어지지 않는
상대와는 교류하지 마라

이 제목은 내가 만화가 구라다 마유미倉田真由美 씨와 같이 낸《카페에서 두 시간도 같이 못 있는 남자와 만나지 마라! 喫茶店で2時間もたない男とはつきあうな!》에서 따왔다. 연애를 주제로 한 책으로, 마음에 드는 남자와 서로 잘 맞는지 알아보는 방법을 제시한다. 그런데 '친구 찾기'도 별반 다르지 않다.

한번 생각해 보자. 여러분은 잘 맞지 않는 사람과 카페에서 두 시간 동안 대화할 수 있는가? 길어야 30분 정도 견딜 수 있지 않을까? 여성이라면 한 시간 정도는 대화를 이어갈 수 있을지 모른다. 대화에 능한 사람이라면 어떤 상대든 두 시간쯤은 가뿐히 대화할 수도 있겠지만, 이 경우는 한 사람이 일방적으로 말하고 다른 한 사람은 듣기만 하는 상황이 대부분일 것이다.

게다가 카페라는 공간은 상대의 취향을 파악하는 데 중요한 요소가 된다. 만나는 장소가 노래방이라면 굳이 이야기를 나눌 필요가 없을 테고, 술집이라면 술을 마신 까닭에 의미 없는 대화만 이어질 수 있어서 상대의 취향을 파악하기 힘들다. 결국 '제대로 된 대화'를 두 시간 동안 이어가려면 상대가 꽤 마음에 들지 않고서는 어렵다. 그래서 카페에서 두 시간도 대화가 이어지지 않는 상대와는 만나지 말라는 판단 기준은 꽤 유용하다고 자부한다. 여러분에게 이 기준을 통과한 사람이 한 명이라도 있다면 설령 만남의 빈도가 적어도 고독감에 휩싸이지 않을 수 있다.

내가 가르친 졸업생들의 이야기를 들어봐도 한두 달에 한 번 정도 만나는 관계가 늘 같이 다니는 관계보다 안정적으로 오래가는 듯하다. 못 보는 동안 있었던 일들을 서로에게 풀어놓으며 "이야, 오늘 만나서 정말 재미있었어. 그럼 잘 지내고 다음에 또 보자!" 하고 좋은 여운을 남기며 헤어질 수 있으니 만남이 경쾌하다. 반면 자주 만나면 관계가 귀찮아질 수 있는 데다 거리감이 줄어든 만큼 말도 행동도 거리낌 없이 하게 돼 서로에게 서운한 감정이 생길 수 있다. 앞서 담백한 인간관계를 권한 이유이기도 하다.

나 역시 대학을 졸업한 지 40년 가까이 지났지만 지금도 대학 동기들과 가끔 만나는 관계를 이어오고 있다. 코

로나 시국에는 온라인으로 수다를 즐기기도 했다. 역시 친구 관계에서는 만남의 빈도보다 완만하게 이어져 있는 끈이 중요한 것 같다.

아들러가 강조한
공동체 감각

나도 주위에 기여할 수 있다

오스트리아 출신의 심리학자 알프레드 아들러는 개인 심리학(아들러 심리학)의 실천 목표를 '공동체 감각' 육성에 두었다. 그렇다면 공동체 감각이란 무엇일까? 아들러는 이 감각이 다음의 세 가지로 구성된다고 했다.

① 주위 사람은 나를 돕는다.
② 나는 주위 사람에게 기여할 수 있다.

③ (①, ②의 결과로서) 나는 공동체에 내 자리가 있다.

  이것을 인과관계로 풀어보자. 우선 '① 주위 사람은 나를 돕는다'고 생각한다면, 나도 상대에게 힘이 되고자 행동한다. 하지만 내가 주위 사람을 신뢰하지 못하고, 적으로 느낀다면 상대에게 힘이 되려고 하기는커녕 무서워서 가까이 갈 엄두도 내지 못할 것이다.

  '② 나는 주위 사람에게 기여할 수 있다'고 생각한다면 나는 자신감이 생기고 상대에게 힘이 되고자 행동한다. 하지만 자신감이 없다면 그 한 걸음을 내딛기가 어렵다. 즉, 같은 공동체 사람들 간에 서로 존중하고 신뢰하는 관계가 조성되어 있으면, 자신을 그 공동체의 일원이라고 실감할 수 있다는 말이다. 아들러는 이 공동체 감각을 기르면 모든 어려움에서 해방될 수 있다고 말했다.

  우선 ②에 초점을 맞추면 공동체 감각을 기르는 일은 그리 어렵지 않다. 왜냐하면 ①은 남에게 달린 문제여서 내가 조절할 수 없지만, ②는 내가 마음먹기에 따라 얼마든지 할 수 있기 때문이다. 핵심은 단 하나, 자신이 소속된 공동체에서 '어떻게든 모두에게 힘이 되자'는 생각으로 행동하는 것이다.

다만 공로를 인정받고 싶다거나 기여한 것 이상으로 보답받고 싶다는 마음을 가지면 소용없다. 순수하게 '힘이 되고 싶다, 돕고 싶다'고 생각해야 서로 간에 동료 의식이 싹트고 그 믿음이 강화되는 법이다. 여기에 고독감이 낄 틈은 없다.

사회로부터 분리되어 생기는 고독감

같은 공동체에 소속된 사람들은 각각 한 사람의 구성원으로서 종횡으로 인간관계를 맺고 있다. 하나의 공동체에 소속되는 순간 구성원끼리는 부정할 수 없는 연결고리를 갖게 되는 셈이다. 그러니 사회활동을 하는 사람은 애당초 구조적으로 고독해질 수 없다.

물론 같은 공동체에서 함께 어울리지 못해 고독감을 느낄 수는 있다. 이 경우에는 앞서 말했듯이 공동체 감각을 키우려고 노력하면 된다. 문제는 사회로부터 분리되어 생기는 '구조적 고독'이다.

예를 들어, 내 제자 중에 비상근 교사로 일하는 친구가 있었다. 고용 계약은 1년마다 갱신되고, 5년을 근무한 후에는 무기한 자동 갱신이 가능하다. 그는 자동 갱신을 목표로 열심히 일했고, 앞으로 1년만 더하면 된다고 생각하던 차에 학교로부터 일방적으로 '계약 갱신을 하지 않겠다'는 통보를 받았다. 그렇게 그는 직장이라는 자신이 소속된 공동체로부터 강제로 분리되었고, 3천만 원 남짓한 연 수입 중에서 2천만 원 정도를 잃게 되었다. 이건 폭력과 다르지 않았다.

나도 대학을 졸업하고 석사과정 3년, 박사과정 5년 총 8년을 대학원에서 보낸 다음 오랫동안 비상근 강사로 일했기에 그의 마음이 어떨지 충분히 짐작할 수 있었다. 이렇게 사회로부터 분리되어 생기는 고독감은 감상적인 것이 아니라, 구조적인 것이다. 교사뿐만 아니라 사회 도처에서 구조 조정을 당한 직장인, 어느 날 갑자기 일자리를 잃은 비정규직 등 요즘에는 구조적 고독에 직면하는 사람들이 늘어나고 있다.

만약 구조적 고독을 겪고 있다면 풀이 죽어 있을 시간이 없다. 울며 집에만 틀어박혀 있어서도 안 된다. 사회로부터 불합리한 제재를 받아 생긴 정신적 충격이라고 운운할 문제가 아니다. 최악의 정신상태에 빠지기 전에 대처해야 한다.

자신이 당한 일이 '직장 내 갑질'이라는 사실을 분명히 인식하고, 그런 종류의 일에 대응하는 기관과 상담하는 것이 우선적으로 할 일이다. 앞에서 말한 제자도 외부 노동조합과 상부 기관에 이의를 제기하여 고용 계약을 지속하게 되었다. 구조적 고독에 처했다면 자조自助, 즉 스스로 자신을 돕는 방책을 적극적으로 찾아야 한다.

건조한 인간관계가 오히려 편하다

공동체 감각을 가지기 위해 반드시 공동체에 소속될 필요는 없다. 가령 프리랜서라면 회사에 소속되어 있지는 않지만 여러 회사와 교류하며 일한다. 다시 말해 특정 업무를 의뢰받아 일하는 동안에는 일을 의뢰한 회사에 소속된 것이나 다름없다. 일하는 기간이 정해져 있지만, 때에 따라서는 일을 의뢰받은 곳곳에서 공동체 감각을 키울 수 있다. 따라서 모든 회사로부터 일제히 일이 끊기지 않는 한 공동체 감각을 기르지 못해 고독할 일은 없다.

다만 프리랜서는 조금이라도 일의 결과물이 별로이거나 거래처와의 관계가 틀어지면 즉시 일이 끊기는 위험에 처할 수 있다. 거래처와 좋은 관계를 유지하면서 일정한 성과를 내기란 쉽지 않은 것도 사실이다. 그러니 더더욱 공동체 감각을 100% 가동하여 고독감을 멀리하려고 노력해야 한다.

한편으로 이러한 공동체 감각에는 건조한 관계라는 특징도 있어 마음이 편하기도 하다. 사적으로도 친하게 지내는 '친구 같은 동료'가 있어도 좋지만, 없다고 해서 고독감에 빠지진 않기 때문이다.

나 역시 책을 내는 일이 무척 재미있어서 계속하고 있지만, 출판사 관계자들과는 적당히 비즈니스 관계를 유지하고 있다. 극단적으로 말하면 책이 잘 팔리지 않으면 다음 제안은 들어오지 않는 냉혹한 세계여서 냉정하게 느껴질 수도 있지만, 나는 당연하다고 생각한다. 그래서 일이 들어오지 않는다고 해서 고독하다고 느끼지는 않는다.

한때는 일로 만난 사람들과 자주 회식을 했지만 요즘에는 거의 하지 않는다. 회식 자리나 축하 자리 등을 갖지 않는 게 당연해졌다. 나는 이런 건조한 인간관계가 참 마음에 든다. 일반 회사원들도 비슷하지 않을까? 신규 프로젝트가 시작되면 구성원이 모이고, 다 같이 힘을 합해 결과를 낸 다음에는 해산하는 느낌으로 말이다. 이렇게 생각하면 일로 연결된 인간관계는 건조해도 외롭지 않고 오히려 마음이 편하다고 할 수 있겠다.

특정 시간의 동료 사귀기

내 제자 중에 '축제에서 여러 지역 사람들과 함께 가마를 드는 것이 좋다'고 말하는 남학생이 있었다. 딱히 연고가 있는 지역의 축제가 아니어도 괜찮단다. 가마를 들 수만 있다면 좋다는 것. 그 재미를 그는 이렇게 표현했다.

"저는 해외로 유학을 다녀오기도 했고, 학교에 친한 친구가 없어요. 하지만 전혀 외롭지 않습니다. 왜냐하면 축제에 참가해서 아저씨들과 함께 가마를 들다 보면 그분들과 엄청 친해지거든요. 제가 갑자기 찾아가서 같이 가마를 들어도 되겠냐고 물었을 때, 거절한 분은 단 한 명도 없었어요. 모두 저를 환영해 주었고, 어디서 이상한 놈이 왔다는 식으로 대하지도 않았어요."

그의 이야기를 들으며 '이렇게 사람과 연결될 수도 있구나' 하고 감탄하지 않을 수 없었다. 아저씨들과 함께

2장 친구가 많지 않아도 행복한 사람들

땀을 흘리며 힘을 합해 가마를 드는 특정 시간의 공동체 감각이 그의 고독감을 날려버린 것이다. 후일담이지만 축제를 즐기는 그의 취향은 국경도 넘었다. 스페인 축제에 참가한 후 감명을 받은 나머지 스페인에서 살고 싶다고 할 정도였다.

이처럼 지역 곳곳에는 축제뿐 아니라 행사도 다양하니 관심 있는 이벤트가 있다면 참여해 보는 것도 공동체 감각을 기르는 방법 중 하나다. 시간이 된다면 지자체가 모집하는 봉사활동에 참여하는 것도 추천한다. 일이든 지역 활동이든 취미 활동이든 그룹으로 하는 활동에 참가하면 동료가 생긴다. 그럼 친한 친구가 없더라도 외롭지 않다.

생각해 보면 친구와 종일 붙어 있으면 살짝 거추장스러울 수 있다. 관계가 조금만 냉랭해져도 고독감에 휩싸이기도 한다. 그런 면에서 '특정 시간의 동료'가 훨씬 담백하게 사귈 수 있는 상대가 아닐까?

혼자서 하는
자존감 수업

겸손도 과하면 독

많은 사람이 자신에게 어떤 탁월한 능력이 있어도 주위에 어필하지 않는다. 어째서일까? 주된 이유는 두 가지다. 하나는 실제로 실력을 보여줬을 때 주위로부터 인정받지 못할까 봐 두렵기 때문이다. "그렇게 자랑할 수준은 아니던걸. 그 정도로 그런 이야기를 하다니 착각도 정도껏 해야지." 이런 평가를 받는 게 싫은 것이다. 실제로 이런 얘기를 듣게 될 일은 거의 없겠지만, 상대가 마음속으로라도 그렇게 생각하게 될까 봐 걱정인 것이다.

다른 하나는 어릴 때부터 '겸손하라'는 교육을 받았기 때문이다. 부모님이나 선생님 같은 주위 어른들이 "남들보다 조금 잘한다고 해서 자만하면 안 돼. 예로부터 벼는 익을수록 고개를 숙인다는 말이 있어. 정말로 실력이 있는 사람은 주위에 자랑하지 않는 법이야"라고 말하는 걸 듣고 자란 것이다.

물론 못하면서 잘한다고 말하는 것은 부끄러운 일이다. 반대로 실력이 뛰어나면서 지나치게 겸손하면 오히려 더 잘난 척하는 사람으로 비춰져 미움을 살 수 있다. 겸손은 삶의 자세로서나 가르침으로서나 옳은 것이지만, 지나치면 독이 되고 폐해를 낳는다. 그리고 무엇보다도 '자기긍정감'을 떨어뜨린다는 게 문제다.

예를 들어, 어떤 과제나 프로젝트를 받을 때마다 "제 주제에 무슨…. 못 하겠습니다" 하고 뒷걸음질만 친다면 어떻게 될까? 모처럼 주어진 도전의 기회를 스스로 날려버리는 꼴이 된다. 그럼 당연히 도전을 통해 성공하는 체험을 할 수 없을 것이고, 영영 자기긍정감을 느낄 수 없을 것이다.

어려울 것 같아도 용기를 내보는 것. 성공하면 자신감이 붙고, 실패하더라도 '그래도 도전했다'는 마음으로 자존감을 높일 수 있다. 나아가 '다음에는 이렇게 해봐야지' 하고 다시 도전하는 진취적인 자세를 취하게 될 것이다.

포기와 겸손은 다르다. 두 가지를 오해해서 행동하면 주위 사람들이 '참 성가신 녀석이야'라고 생각하고 상대해 주지 않을지도 모른다. 그러면 자기긍정감은 더 낮아질 것이다. 겸손을 미덕으로 삼을 수 있는 건 특출한 능력을 갖춘 사람뿐이다. 가령 장기 기사인 후지이 소타藤井聰太 씨는 사상 최연소로 십 대에 5관왕을 달성하는 쾌거를 올렸으면서도 "저는 아직 멀었습니다"라고 말했다.

하지만 그는 장기의 신이 있다면 그에게 한판 하자고 했을 정도의 거물이다. 그러기에 '나는 아직 멀었다'는 말도 미덕으로 빛을 발하는 것이다. 게다가 그가 겸손하기만 한 것도 아니다. '나에게는 여전히 가능성이 있다. 노력하면 더 강해질 수 있다'는 의지를 '아직 멀었다'는 말로 표현한 듯하니 말이다. 역설적으로 말하면 자기긍정감이 높기에 겸손할 수 있다. 그러니 자기긍정감이 올라갈 때까지 겸손은 잠시 넣어두고 적극적으로 도전하는 자세를 가져보면 어떨까?

웃는 얼굴 그려넣기

SNS를 즐기는 사람들 간에 '좋아요' 문화가 확산되면서 '승인 욕구'라는 말이 자주 들린다. 승인 욕구란 '남으로부터 인정받고 싶은 바람'으로, 미국의 심리학자 에이브러햄 매슬로가 고안한 '욕구의 5단계 설'에서 사용된 말이다.

매슬로는 인간의 욕구를 생리적 욕구, 안전의 욕구, 소속감과 애정의 욕구, 승인(존경)의 욕구, 자아실현의 욕구로 낮은 차원에서 높은 차원까지 5단계로 정리했다. 여기서 승인 욕구는 위에서 두 번째로, 타인으로부터 인정받으려는 '타자 승인'과 스스로 자신을 인정하고 싶은 '자기 승인'으로 나뉜다.

다소 설명이 길어졌는데, 타자 승인은 SNS 시대인 요즘 '내 글에 '좋아요'를 눌러줬으면 좋겠다', '리트윗해 줬으면 좋겠다', '친구 신청을 수락해 주었으면 좋겠다', '팔로워가 되어 줬으면 좋겠다' 등의 욕구로 나타난다. 가령 '좋아요'를 많이 받을 때 승인 욕구가 채워지는 사람은 고독감을 비교적 덜 느낄 수 있다.

최근에는 '좋아요'나 팔로워 수를 돈으로 살 수 있다는 얘기도 들었다. 한 학생이 "제가 왕창 사서 친구들에게 선물했어요"라고 하는 이야기에 놀라우면서도 어떻게 그런 방법으로 고독감을 덜 수 있는지 의문스럽기도 했다. 심지어 그렇게까지 해야 하나 싶은 생각도.

반면에 '좋아요'나 리트윗을 기대만큼 받지 못하고, 팔로워 수도 늘지 않아 승인 욕구가 채워지지 않을 때도 있다. 라인LINE(메신저 프로그램)을 할 때 누군가 내가 보낸 메시지를 읽고 답하지 않으면 '왜 답이 없지? 왜 아직 아무 말도 안 하지?' 하고 초조해지는 SNS병에 걸리기도 한다. 이렇게 마음에 고독감이 퍼져 힘들어지는 것이다.

그럼 어떻게 해야 SNS병 증상을 완화할 수 있을까? 힌트는 또 하나의 승인 욕구인 '자기 승인'에 있다. 타자 승인은 승인의 주도권이 타인에게 있으므로 내가 어떻게 할 수 없다. 할 수 있는 것은 '좋아요'를 받기 위해 계속 글을 올리는 것뿐인데, 효과가 없으면 상당한 스트레스를 받는다. 반면 자기 승인의 주도권은 나에게 있다. '나는 나를 인정한다, 이상!' 이거면 되지 않을까? 굳이 SNS

를 무대로 노력하지 않아도 된다. 자신의 말과 행동에 대해 스스로 "잘했어", "굉장해", "애썼어", "멋있어", "이건 나만 할 수 있는 거야"라고 칭찬해 보자. 말버릇처럼 해도 좋다.

때에 따라서는 '내가, 좋아요'라고 새긴 자기 승인 도장 같은 것을 만들어 다이어리에 팡팡 찍어줘도 좋겠다. 기분이 좋아지면서 고독감이 끼어들 틈도 없어진다. 나는 종종 다이어리에 방긋 웃는 얼굴을 그려 넣는다. 조금이라도 잘한 일이 있으면 그날을 기록해 웃는 얼굴로 표시해 두는 것이다. 그럼 나 자신을 인정하기 쉬워진다.

누구나 할 수 있는
자기긍정감을 높이는 법

내 안에 자기긍정 회로 만들기

사실 나는 나에게 '좋아요'를 마구 눌러주는 타입이다. 주위 사람들에게 눌러달라고 의지하는 일은 거의 없다. 타인이 아닌 나 자신에게 기대하는 '자기 기대력' 같은 게 강한 듯 싶다. 내게 어떻게 그런 힘이 생겼는지 생각해 보면 아마도 대학원에서 공부하던 시절에 누구에게도 '좋아요'를 받지 못해서인 듯싶다. 당시에는 나에게 '좋아요'를 눌러줄 사람이 나 말고는 없다고 느꼈다.

지금 생각하면 잘한 것 같다. 타인에게 인정을 기대하는 일보다 쉽고, 적어도 나 자신을 스스로 높이 평가한다는 점에서 자신감이 생겼으니까. 그렇게 자화자찬을 거듭하자 그것이 힘이 되어 내 안에 '자기긍정 회로'가 형성되기 시작했다. 이런 경험 덕분에, "자신이 없어", "난 뭘 해도 안 돼"라며 자신을 비하하는 사람을 보면 이렇게 묻고 싶어진다. "당신은 자기긍정 회로를 만들기 위해 노력했나요?"

최근에는 멘탈이 약한 것을 너무 문제시하는 경향이 있다. 쉽게 상처받는 마음을 다독이는 걸 기본으로 하면서도 사소한 일에 마음이 꺾이지 않을 정도의 정신력을 단련하면 되지 않을까. 자기긍정감이 낮은 사람은 모든 일을 자신의 기질이나 능력 탓으로 돌리기 쉽다. "내가 좀 부정적인 성격이라서", "능력이 없어서"라는 말로 자기긍정감을 높일 기회로부터 도망쳐버리는 것이다.

그렇게 되지 않도록 내 마음에 자기긍정 회로를 만드는 것이야말로 '어른이 갖출 예의'이다. 필요 이상으로 자신을 비하하거나 빈약한 자신감으로 주위에 이해를 구하는 행동을 매너 위반이라고 여기는 것이다. 이렇게 마음먹는다면 진정으로 자기긍정감을 만들기 위해 노력할 수 있을 것이다.

어렵고 힘든 과제에 도전해 보기

내가 이렇게 말해도 분명 "이해는 하지만, 저는 못할 것 같아요"라고 말하는 사람이 있을 것이다. 내가 가르치는 학생 중에도 "자신을 긍정하라, 칭찬하라고들 하지만 다들 절대 못해요"라고 말하는 이들이 적지 않다. 그런데 이런 학생들은 연습도 해보지 않고 무작정 못한다고만 한다. 철봉 앞에 서서 계속 매달리기를 못한다고 말만 하는 셈이다.

그래서 나는 자기긍정감을 높이는 연습으로 '어렵고 힘든 과제'를 수업에 적용한다. 예를 들면, 자신이 좋아하는 소설에서 힌트를 얻어 좋아하는 노래를 개사해 보고, 친구들 앞에서 불러보는 것이다. 그야말로 어렵고 힘든 과제 아닌가? 당연히 다들 하기 싫어한다. 처음에는 "말도 안 돼요. 못해요!"라며 크게 반발한다. 그래도 과제인지라 그냥 넘어갈 방법은 없다. 모두의 원성을 뒤로 하고 "자, 다음 주에 발표하는 걸로 합시다"라고 말하면 학생들은 더는 어떻게 하지 못한다.

그런데 이 과제를 발표할 때는 두 가지 규칙이 있다. 첫째, 듣는 사람은 칭찬 외에 다른 반응을 해서는 안 된다. 둘째, 발표자는 무조건 자기 자신을 칭찬하고 박수 쳐줘야 한다. 마침내 발표 당일이 되면 다들 긴장한 기색이 역력하다. 자신이 만든 가사에 자신이 없거나 남들 앞에서 노래하려니 떨리는 것이다. 하지만 두 가지 규칙 덕분에 발표자는 적어도 비난받지 않을 것이라고 안심하며 도전할 수 있다.

《산월기》에 관한 노래, 〈라쇼몽〉에 관한 노래, 《금각사》에 관한 노래, 《나는 고양이로소이다》에 관한 노래 등 여러 곡이 등장했다. 그때마다 모두 "대단해!", "훌륭해!", "최고야!", "너무 웃기고 재미있어!"라며 칭찬을 아끼지 않았다. 발표자도 자신에게 박수를 보내며 "이야, 오늘은 나답게 정말 잘했어. 수고했다, 정말!" 하고 자신의 노고를 치하한다. 이렇게 발표가 있을 때마다 교실 전체에 박수가 일고 다들 기분이 좋아졌다.

일주일에 한 번, 이런 어렵고 힘든 과제에 도전하다 보면 학생들도 점차 익숙해져서 주위로부터 평가받는 일을 덜 두려워하게 된다. 결과적으로 자기긍정감이 높아지고 자기긍정 회로가 형성된다. 자기 비하가 심한 사람이라면 특히 이런 종류의 심리 훈련이 도움된다.

여러분도 어렵고 힘든 일에 대한 도전을 '심리를 단련하는 수업'이라고 생각하고 시도해 보면 어떨까? 예를 들어, 회의에서 과감한 기획안 제안하기, 노래방에 가거나 스포츠 경기에 참여하기, 마음에 둔 사람에게 고백하기, 공모전에 응모하기 등 무엇이든 좋다.

이때 지켜야 할 약속은 단 하나다. 내 수업에서도 그렇지만 재능의 유무를 따지지 않는 것이다. 재능과 관계없이 도전 자체가 중요하다. 도전 후 결과가 아닌 도전한 마음에 관해 자화자찬하면 된다. 이것이 바로 자기긍정감을 높이는 비법이다.

자신의 능력을 객관적으로 보는 것도 중요하지만, 지나치면 자기객관화가 자기긍정감을 웃돌 수 있다. 그러니 자신을 후하게 평가해도 괜찮다. 자신의 도전을 스스로 칭찬하는 일은 어디까지나 자기긍정감을 높이기 위한 발판이라는 것을 명심하자.

에고 서핑은 금지

자기긍정감을 키울 때 하지 말아야 할 행동이 있다. 바로 '에고 서핑'이다. 이는 자신의 말과 행동을 남들이 어떻게 생각하는지 확인하는 걸 뜻한다. 물론 내 평판이 좋으면 기분이 좋고 자기긍정감도 올라간다. 하지만 그런 일은 흔치 않다. 오히려 중상모략과 같은 평가가 압도적으로 많다. 아니, 정도를 떠나서 나를 부정하는 평가를 하나라도 들으면 기분이 좋지 않다. 그러다 주위의 모든 사람에게 인정받고 싶어져서 오히려 고독감에 빠질 수 있다.

물론 어떤 사람은 감정의 변화 없이 에고 서핑을 하기도 한다. 내가 아는 한 개그맨도 그러한데, 그는 자신을 험담하고 다니는 사람과 연락을 주고받으며 함께 골프를 치기도 한다. 만나보니 의외로 좋은 사람이었다고 했지만, 보통은 그처럼 행동하기 어렵다. 즉, 드문 예일 뿐이다. 나는 자칭 깨지지 않는 멘탈의 소유자라고 자부했지만, 에고 서핑을 견디기 어려웠다.

한번은 그동안 내가 펴낸 책의 목록을 작성하기 위해 인터넷으로 책을 검색한 적이 있다. 그때 내 책의 리뷰란에서 별 하나를 준 사람의 평가가 눈에 들어왔다. 내 책에 대한 감상이 어떻든 그건 그 사람의 자유다. 그 사람에게는 내 책이 정말로 별 하나의 값어치도 없을 수 있다. 그렇다고는 하지만 얼굴도 실명도 공개하지 않은 채 타당한 이유도 설명도 없이 일방적으로 나를 비난하는 행동은 일종의 폭력으로 느껴졌다. 당시엔 낙담하기보다는 상당히 화가 났다. '내 눈앞에서 설명해 보라고!' 하고 소리치고 싶은 심정이었다.

나는 평소에 거의 화를 내지 않는다. 후쿠자와 유키치의 가르침을 지키며 '기분 좋은 상태'를 유지하려고 조심한다. 그런 내가 화날 정도였으니 에고 서핑은 정신 건강에 좋지 않다. 즉, 할 것이 못 된다. 특히 자기긍정감이 낮은 사람이라면 더더욱 하면 안 된다. 에고 서핑에는 자기 긍정 회로가 잘 형성되어 있는 사람의 멘탈도 순식간에 망가뜨릴 만큼 부정적인 힘이 있다.

여담이지만 앞서 이야기한 후쿠자와 유키치의 가르침은 그의 자서전에 이렇게 나와 있다. "칭찬받아도 경멸당해도 부드러운 얼굴로 받아넘기고, 감정을 겉으로 드러내지 말라."

그야말로 말은 쉽지만 지키기는 어려운 조언인데, 후쿠자와처럼 '무슨 일을 당해도 흘려보내는' 연습을 하다 보면 마음의 파도가 잔잔해지고 스트레스도 줄어들 것 같다. 그런데 이 가르침은 대면 교류에서는 효과적이지만, 비대면 교류에서는 응용하기에 어렵다. 역시 에고 서핑은 하지 말아야 한다.

콤플렉스를
에너지로 전환하는 법

당신도 겉모습만 보고 사람을 차별하나요?

자기긍정 회로를 형성할 때 가장 큰 장애물은 콤플렉스다. 아무리 자신에게 '좋아요'를 눌러줘도 한두 가지의 큰 콤플렉스를 가지고 있으면 모든 노력이 물거품되기 쉽다. 특히 최근 들어 겉모습만 보고 차별하는 시선 때문에 콤플렉스를 가진 사람들이 매우 늘어났다는 점이 우려스럽다.

세상이 앞다투어 '다양성을 소중히 여기자'라고 외치

고 있는데, 겉모습만 보고 사람의 가치를 평가한다니 이 얼마나 시대착오적인 가치관인가. 게다가 그 차별 또한 너무나도 편협하다. 예를 들어, 미남으로 평가받으려면 턱이 작고 얼굴이 샤프하며 쌍꺼풀이 또렷해야 한다는 식이다. 이런 기준을 만족하지 못하는 사람은 이렇게 소리치고 싶어진다. '얼굴이 동그라면 안 되나?', '턱이 좀 나와 있으면 어때서?', '홑꺼풀이면 안 되는 건가?', '눈이 작으면?', '애당초 얼굴이 잘생기지 않으면 아무 소용이 없나?'

'귀여움이 정의'라고 하는 카피까지 등장했다. 여기에 어떤 진의가 담겨 있는지는 모르겠지만, 나는 외모 이야기를 하기 시작하면 품격이 없어진다고 생각한다. 설사 그렇게 생각한들 입 밖으로 내지 않는 것이 품격이다. 외모 품평이라니 부끄럽지도 않은가.

특히 쌍꺼풀 압박은 참담하다. 남학생들조차 "저는 쌍꺼풀이 너무 갖고 싶어요. 홑꺼풀로 사는 게 너무 힘들어요"라며 진지하게 고민하는 경우가 적지 않다. 나도 홑꺼풀 소유자이지만 옛날에는 이렇게까지 고민할 문제가 아니었다. 홑꺼풀로 고민하는 청년들을 보고 있노라면 '홑꺼풀의 눈이 이렇게 괄시받는 사회가 있을 수 있나?' 하는 격세지감을 느낀다.

애당초 동양인이 또렷한 쌍꺼풀을 추구하는 것 자체가 서양을 상대로 이길 수 없는 싸움에 도전하는 것과 같다. 동양은 서양에 대등한 자세를 취하고 그들에게 휘둘리지 않는 독자적인 가치 기준을 가질 만큼 문화적으로 성숙하지 못한 걸까? 인제 와서 또 서양을 동경하는가? 외모의 서구화를 지향하다니, 지금까지의 역사적 노력이 물거품이 되는 듯하다.

앞으로 다양성을 표방할 생각이라면 겉모습에서 비롯된 묘한 차별에 휘둘려서는 안 된다. 콤플렉스만 키우게 돼 자신감도 잃고, 고독감도 깊어질 뿐이다.

외모 콤플렉스를 극복하는 법

사람들이 내 용모를 어떻게 생각하든 신경 쓰지 않겠다고 마음먹어도 쉽지 않다. 그래서 자신의 외모 때문에 주눅 들지 않을 방법을 네 가지 정도 알려주고자 한다.

첫 번째는 '자신의 얼굴을 거울로 보지 않기'다. 다시 말하면 자신의 얼굴을 존재하지 않는 것처럼 다루는 것이다. 한 예로 나는 거울을 자주 보는 편이 아니다. '그러고 보니 내 얼굴을 가만히 살펴본 지도 오래되었네' 싶을 때가 종종 있다. 그럴 때 오랜만에 거울을 보면 '내 얼굴이 이렇게 생겼었나?' 싶기도 하다. 이렇게 거울을 보지 않으면 그만큼 자신의 얼굴에 관한 관심이 옅어진다. 이건 경험적으로 추천하는 방법이다.

두 번째는 첫 번째와 반대로 '하루에 몇 번이고 틈만 나면 거울을 보는 것'이다. 일설에 따르면 인간에게는 많이 본 얼굴을 좋아하게 되는 습성이 있다고 한다. 듣고 보니 부부나 연인 중에는 서로 닮은 사람이 많지 않은가? 이는 하루에 몇 번씩 자신의 얼굴을 보다 보면 무의식적으로 내 얼굴을 좋아하게 되고, 결과적으로 그런 자신을 닮은 사람을 좋아하게 되기 때문이라고 한다. 이런 습성을 이용하여 자신의 얼굴을 좋아하게 되면 그만이다. 세상의 평가가 어떤들 대수일까.

자신의 얼굴을 볼 때는 시간을 들여서 찬찬히 응시하면 좋다. 그리고 볼 때마다 '이야, 이만하면 좋은 피부지', '눈썹은 얼마나 멋진지', '뭔가 묘하게 매력있는 얼굴이야' 하고 무엇이든 좋으니 자기 얼굴에서 장점을 하나씩 찾아보자. 그러면 얼굴은 변한 게 없는데도 외모 콤플렉스가 자연스레 사라질 것이다. 나의 장점을 깨닫고 스스로 자신감을 얻게 될 것이다. 이렇게 자신의 얼굴을 바라보는 습관이 생기면 다른 사람을 볼 때도 상대의 진정한 장점을 발견하게 된다.

세 번째는 '콤플렉스를 그대로 받아들이고 장점으로 전환하는 것'이다. 예를 들면, 나는 철들 무렵부터 내 다리가 길지 않다는 것을 순순히 받아들였다. 긴 다리가 보기에는 좋겠지만, 다리가 짧다고 해서 콤플렉스를 느낄 이유도 없다. 내 노력으로 다리를 늘릴 수 있는 것도 아니니 말이다.

나는 길지 않은 내 다리가 씨름에 적합하다고 생각했다. 초등학생 때 매년 마을에서 씨름대회가 열렸는데, 나는 다리가 긴 상대를 몇 명이고 넘어뜨렸다. 다리걸기 기술은 일단 상대의 무릎 정도 높이로 몸을 숙인 다음 상대의 한쪽 다리를 두 팔로 감싸고 체중을 실어서 넘어뜨리는 것이다. 다리가 짧은 사람에게 최적화된 기술로, 덕분에 나는 짧은 다리를 장점으로 바꾸어 콤플렉스를 떨쳐버리는 데 성공했다.

마찬가지로 외모도 생각하기 나름이다. 눈만 해도 '가느다란 눈이 지적으로 보인다', '눈이 작아서 나이가 들어도 주름이 잘 생기지 않는다', '얼굴이 둥글어서 젊어 보인다', '노안이라 나이가 어린데도 어른 대접을 받는다' 처럼 여러 가지로 전환할 수 있다. 주위에서는 결점으로 생각할지 몰라도 자신이 장점으로 받아들이면 콤플렉스가 사라진다.

네 번째는 '신경 쓰이지 않을 때까지 얼굴을 가꾸는 것'이다. 요즘은 메이크업 기술이 뛰어난 사람이 많지 않은가? 나 역시도 방송국 메이크업 아티스트로부터 "애굣살 근처에 펄을 발라 반짝이게 하면 눈이 커 보인다"는 이야기를 듣고 시험 삼아 해본 적이 있다. 주위의 반응은 "그러고 보니 평소보다 눈이 살짝 길어 보이는 것 같기도 하고…" 정도였지만 콤플렉스를 장점으로 바꾸는 데 여러 가지 방법이 있다는 사실은 실감했다.

그런데 무엇보다 외모 콤플렉스를 갖는 것은 매우 시시한 일이다. 유전자에 따라 정해지는 요소를 두고 이렇다 저렇다 이야기한들 아무런 소용이 없다. 외모 콤플렉스가 생기는 근본적인 원인에는 이성에게 인기가 있느냐

없느냐의 문제가 자리하고 있는 듯한데, 이런 분위기에 휩쓸리는 순간 불모의 싸움이 시작된다. 인생은 길지 않을뿐더러, 인생은 '인기'로 정의되지 않는다. 인기의 유무에서 벗어나면 타인의 잣대에 따라 자신을 평가하는 일에서 해방되고 자기긍정감도 높일 수 있다.

이 주제에 관해서는 소설가 아쿠타가와 류노스케芥川龍之介의 《코鼻》를 읽어보기를 권한다. 젠치 나이구라는 승려는 커다란 코를 가진 것으로 유명했다. 그는 오랫동안 커다란 코를 콤플렉스로 여기며 괴로워했다. 그러던 어느 가을날, 제자가 도쿄의 의사에게서 코를 작게 만드는 방법을 배워왔다고 말했다. 그 방법은 뜨거운 물로 코를 삶은 후에 제자가 밟는 것. 그렇게 해서 나온 기름 덩어리를 족집게로 뽑고 다시 코를 삶으면 된다는 것이었다. 승려가 당장 시험해 보자, 무려 턱 아래까지 내려와 있던 코가 거짓말처럼 줄어서 보통 사람의 코 크기와 비슷해졌다.

승려는 '이제 더는 남들이 비웃지 않겠지' 하며 안도했지만, 2~3일이 지나자 생각지도 못한 일이 벌어졌다. 코가 짧아진 그를 보고 사람들이 이전보다 더 크게 웃는 것이 아닌가. 승려는 다시금 괴로워졌다. 사람의 마음이란 단순하지 않다. 남의 불행을 동정하면서도 그 사람이 불행에서 벗어나면 또 그것은 재미가 없어서 또다시 불행에 빠뜨리려고 한다.

그 후 승려는 열이 나서 누웠는데, 그의 코가 다시 예전 크기로 돌아왔다. 그는 '이제는 아무도 비웃지 않을 거야' 하고 오히려 상쾌한 기분이 들어 긴 코를 덜렁덜렁 흔들며 다녔다.

콤플렉스란 남의 눈을 의식해서 생기는 것일 수 있다. 신경 쓸 정도의 문제가 아니라고 생각하는 순간, 콤플렉스는 더는 콤플렉스가 아니며 마음도 가벼워진다. 아쿠타가와의 작품은 이 사실을 우리에게 일깨워준다.

상대를 가리지 않고 고민과 콤플렉스 털어놓기

'고민이나 콤플렉스를 털어놓을 만한 친구가 없다.' 이런 저조한 기분 때문에 고독감으로 힘들어하는 학생이 많다. 그런 상황을 자주 본 나는 수업에서 하나의 과제를 제안했다. 각자 자신의 콤플렉스를 몇 가지 생각해 보고, 세 명이 한 조를 이루어 그것에 관해 이야기하는 것이었다. 단, 이야기했을 때 타격만 남을 듯한 정말 심각한 소재는 피하기로 했다.

규칙은 '돌아가며 30초 정도로, 밝게 말하기'였다. 고민이나 콤플렉스를 가볍게 다뤄보자는 취지였다. 네다섯 번 정도 돌아가면서 얘기하고 나니 더는 말할 거리가 없어서 과제를 마무리하게 되었다.

고민이나 콤플렉스를 마음속에 안고 있으면 우울해지기 쉽다. 이때 상대를 가리지 않고 그것들을 과감하게 입 밖으로 꺼내다 보면 의외로 마음이 개운해진다. 앞의 과제에 참여한 학생들도 "줄곧 콤플렉스라고 생각했던 것이 왠지 모르게 크게 고민할 거리가 아니었다는 생각이 들었어요", "콤플렉스 따위는 없을 것 같던 친구에게도 사실은 나처럼 여러 가지 고민이 있다는 걸 알고 나니 마음이 조금 가벼워졌어요", "밝은 태도로 짧게 이야기하니까 고민도 가벼워지는 것 같았어요. 이런 방식이라면 콤플렉스를 심각하게 여기지 않고 누구에게나 상의할 수 있을 것 같아요" 하고 소감을 말했다.

여러분도 기회가 된다면 지인들과 그룹을 짜서 이렇게 이야기해 보면 어떨까? 콤플렉스의 무게가 어느 정도 가벼워지고, 고독감도 줄어들 것이다.

기분이 태도가 되지 않게

나는 콤플렉스라고 여기지만 주위에서는 '잘하고 있는데 왜 그렇게 자신이 없어?' 하고 나를 이상하게 볼 때가 있다. 세상에는 좋은 결과를 내고도 '이 정도로는 부끄러워서 얼굴을 들 수 없어' 하고 불안해하는 사람도 있다. 이런 유의 사람과 교류하는 것이 얼마나 성가신 일인지! 왜냐하면 "괜찮아요. 이렇게 잘하고 있다니 훌륭해요. 그렇게 고민하지 않아도 돼요" 하고 격려해 주어야 하기 때문이다.

때에 따라서는 나보다 더 능력 있는 사람을 위로하는 상황이 생긴다. 앓는 소리도 정도껏이다. 여러분이라면 그런 사람과 만나고 싶은가? 아닐 것이다. 이렇게 응석만 부리면 사람들은 멀어진다. 결국 스스로 고독감을 초래하는 격이다.

자타가 공인하는 무능한 사람도 마찬가지다. 자신 없어 하는 모습을 주위에 보이는 건 '나를 위로해 줘, 힘을 줘' 하고 부탁하는 것과 다름없으니 주위에 피해를 주는

셈이다. 이런 이야기를 하다 보니 개그맨 미야 존みやぞん 씨가 4년 전쯤에 〈세상의 끝까지 가라 Q!世界の果てまでイッテQ!〉라는 프로그램에서 한 재미있는 말이 생각난다. '무지개 폭포 아래서 노래 한 곡 뽑기'라는 기획으로 출연자와 스태프들이 인도 북동부의 비경을 찾아갔을 때였다. 폭포로 이어지는 6천 개의 계단을 마주한 스태프들이 악전고투하는 가운데 그는 "내 기분은 내가 정한다!"며 웃는 얼굴로 계단을 끝까지 올라갔다.

당시 인터넷상에서 명언으로 화제가 되었던 게 기억난다. 그의 말처럼 힘에 부친다고 주위에 자신의 기분을 그대로 드러내는 건 예의가 아니다. 어른이라면 자기 기분은 스스로 조절할 줄 알아야 한다. 자신의 불안을 주위에 호소하는 것은 뻔뻔한 행동이다. 다른 사람에게 기대지 않고 자신의 마음을 돌보는 것 그리고 다른 사람에게 위로받지 않아도 괜찮은 어른이 되는 것을 목표로 삼자.

노력하는 모습이 주위에 용기를 준다

내가 수업하는 반에 말더듬 증상을 보이는 학생이 있었다. 똑똑한 친구였지만 좀처럼 말하기를 어려워하기에 수업 중에 하고 싶은 말이 떠오르면 적절히 칠판에 적도록 했다. 하루는 '중고등학교 교과 내용으로 노래를 개사해 오라'는 과제를 내었더니, 그 학생이 기타를 가지고 와서는 자작시에 멜로디를 입혀 노래를 불렀다. 너무나 멋진 멜로디에 더듬지도 않고 술술 노래하는 모습을 보고 깜짝 놀랐다.

"굉장한걸. 노래 부를 때는 말도 술술 하고!"라고 칭찬했더니 그는 겸손한 태도로 미소를 지어 보였다. 나는 '이건 이 친구가 자기긍정감을 높일 절호의 기회야. 이런 때가 아니면 높이기 힘들어'라는 생각에 그에게 이렇게 요청했다. "다음에는 대화할 때도 모든 말에 멜로디를 입혀서 해보자!"

시험 삼아 수학여행을 가는 상황을 설정하고 내가 "도쿄역에 6시까지 집합~" 하고 멜로디를 붙여서 노래하며 "다들 반복해 보자"라고 하자, 그는 뛰어난 음감을 보이며 보란 듯이 똑같이 노래하는 게 아닌가. 그 모습을 처음부터 끝까지 목격한 다른 학생들은 매우 감동한 듯했다. "굉장해! 대단하다", "나도 본받고 싶어"라는 말이 연달아 나왔다. 말을 더듬는 콤플렉스를 가진 그가 노래라는 수단을 이용해 노력하는 모습을 보고 학생들도 용기를 얻은 것이다. 그를 포함한 반 전원이 자기긍정감을 높이는 좋은 계기가 되었다.

이런 것이 바로 콤플렉스를 에너지로 바꾸는 것이다. 콤플렉스가 있더라도 분명 보완할 방법이 있다. 이러한 관점에서 노력한다면 자신뿐만 아니라 주위 사람들의 자기긍정감도 높일 수 있을 것이다.

3장

고독을
교양으로 만드는
축적의 시간

책과 친구가
될 수 있을까?

단독자의 선물, 책

"무엇으로 고독감을 해소할 수 있을까?"라는 질문에 나는 가장 먼저 '책'을 꼽는다. 책이야말로 '단독자가 단독자에게 주는 선물'이기 때문이다. 무슨 말인가 하면, 책은 저자가 홀로 상당한 시간을 들여 엮어낸 글의 결과물이다. 물론 한 권의 책이 만들어지기까지는 편집자와 디자이너, 인쇄소 직원 등 많은 사람의 도움이 필요하다. 하지만 저술하는 시간은 저자 혼자만의 것이다. 그런 의미에서 책은 단독자의 성과물이라 할 수 있다.

와인이 해를 거듭하면서 숙성되고 향기로운 냄새를 풍기듯이 책의 내용도 저자가 공들인 시간만큼 깊이 있어진다. 장편이든 단편이든 그에 따라 깊어지는데, 여기에는 단독자의 시간이 담겨 있다.

가령 레프 톨스토이는 《전쟁과 평화》를 1865~1869년까지 약 4년에 걸쳐 집필했다. 그 장대한 이야기는 여섯 권, 3천 페이지가 넘는 양으로 세상에 나왔다. 그래서인지 톨스토이가 이 책을 쓰면서 '어째서 이렇게 힘들게 매일매일 글을 써야 하는가?' 하고 중얼거렸다는 이야기도 전해진다. 《전쟁과 평화》에는 톨스토이가 단독자로서 보낸 4년이라는 시간이 응축되어 있는 셈이다. 그러니 이 책을 읽는다면, 톨스토이로부터 '내가 단독자로서 4년 동안 숙성시킨 작품이니, 여러분도 단독자로서 경험해 보세요'라는 말과 함께 선물을 받았다고 생각하면 좋겠다. 그럼 이 책을 읽는 동안 '단독자의 시간'을 즐길 수 있을 것이다.

저자가 혼자만의 시간을 소중히 여기며 알찬 작품으로 열매를 맺으면, 이 작품을 읽는 사람은 그 열매의 숙성된 맛을 즐기며 혼자만의 시간을 보내게 된다. 이러한 연쇄작용 속에서 책을 읽는 사람은 고독감을 느끼지 않는다. 마음은 늘 저자와 함께하기 때문이다. 즉, 혼자 있는 시간이 외롭더라도 책을 읽는다면 그 고독감을 해소할 수 있다. 이것은 책이라는 단독자의 숙성물 덕분으로 내 안에 있는 '고독'을 '단독'으로 전환하는 계기가 된다. 이를 두고 코코 샤넬은 이렇게 말했다. "책은 나의 가장 좋은 친구였어요."

세계적인 패션디자이너 샤넬은 어린 시절을 보육원에서 보냈다. 훗날 화려한 삶을 산 것과는 정반대의 세계였다. 허름한 다락방 같은 곳에 살면서 얼마나 고독했을지…. 언제 고독감으로 압사당해도 이상하지 않을 환경이었지만 그녀는 충만하게 하루하루를 보냈다고 한다.

어떻게 그것이 가능했을까? 그녀 주위에는 늘 책이 있었고, 책이 그녀의 고독을 메워주었기 때문이다. 그녀의 인터뷰로 구성된 《코코 샤넬》이라는 책을 읽으면 샤넬에게 책이 얼마나 구세주 같은 존재였는지 알 수 있다. 책속의 수많은 이야기가 코코 샤넬에게 영감을 주었고, 그녀를 미지의 세계로 안내했을 것이다. 문학이 샤넬의 인

생을 풍요롭게 만들고 앞으로 나아갈 힘의 원천이 되어
준 것이리라.

여담이지만 샤넬의 전통을 계승한 칼 라거펠트, 현재
샤넬의 크리에이티브 디렉터인 버지니 비아르 역시 상당
한 애독가로 알려져 있다. 그렇다. 샤넬에는 '애독가의
피'가 이어져 온 것이다. 그 피에 대한 오마주라고 불러
야 할지, 버지니 비아르는 2019년 자신의 첫 오트 쿠튀
르 쇼의 주제를 '책에 대한 열정'으로 삼았다. 방대한 책
이 진열된 서재를 본뜬 장소에서 열린 쇼는 박수갈채를
받았다. 이렇게 책은 고독감을 해소할 뿐만 아니라 상상
력과 창조력을 기르는 뿌리가 되어준다.

책장으로 고독감을 차단하라!

나는 학창 시절부터 책으로 책장을 채워가는 재미를
즐겼다. 당시 책장은 7단으로 되어 있었는데 문고본을
300권 정도 꽂을 수 있는 크기였다. 고등학생 시절부터
하루에 한 권씩 책을 읽었으니 1년이면 책장을 가득 메
웠다. 열여섯 살부터 지금까지 45년 동안 읽은 책은 약
16,425권으로 만약 지금까지 그 책장을 사용했다면 55

개 이상의 책장이 필요하다는 계산이 나온다. 실제로 봤다면 꽤 장관이었을 것 같은데, 그렇게 보관하지 않은 것이 살짝 아쉽다. 물론 지금은 그때보다 훨씬 실용적인 디자인의 책장이 많고, 나 역시 책 읽는 속도도 더 빨라졌지만 말이다.

그동안 책을 읽어온 시간을 계산해 보면 어떨까? 하루에 평균 세 시간씩 독서를 했다면 45년이면 거의 5만 시간에 달한다. 즉, 나는 약 6년 동안 쉬지 않고 책을 읽은 셈이다. 이 시간을 많다고 해야 할지 적다고 해야 할지 모르겠지만, 책을 읽으며 혼자만의 시간을 충실히 보낸 덕분에 지금의 내가 있다고 자신 있게 말할 수 있다.

앞에서 혼자만의 시간이 나를 성장시켰다고 했는데, 이건 절대 과장이 아니다. 유행가 가사에서 따온 말도 아닌 내 경험에서 우러나온 말이다. 1만여 권의 책은 내 교양을 살찌웠고, 삶에 임하는 나의 방식과 몸과 마음을 어떻게 단련해야 하는지에 관한 지침이 되었다. 책을 통해 혼자만의 시간을 갖지 않았다면, 나는 내가 아니었을 것이다.

다시금 나에게 책을 읽는 시간은 어떤 의미인지 생각

해 보면 그야말로 단독의 시간이었다. 특히 서른이 넘을 때까지 대학원의 연구실에 틀어박혀서 그저 책만 읽고 연구를 했으니 하루 대부분을 홀로 보낸 셈이다. 하지만 고독감을 느낀 적은 단 한 번도 없었다.

왜인지 생각해 보면 이유는 두 가지다. 하나는 코코 샤넬과 마찬가지로 책이 나의 친구였기 때문이고, 다른 하나는 나에게 고독감이 파고들지 않도록 책장이 막아주었기 때문이다. 음양도에서 말하는 '귀문'같은 것이라고 해야 할까? 일본에서는 예로부터 귀신 혹은 재난이 드나드는 귀문 방향으로 신불을 두면 좋다고 말한다. 그 풍습에 비유하자면 귀신은 고독감, 신불은 책장이 아닐까 싶다. 즉, 책이 가득한 책장을 귀신의 출입을 막는 문으로 삼으면 고독감은 쉽게 차단할 수 있다.

여러분 중에는 책을 읽으라는 내 조언이 그리 마음에 와닿지 않았던 사람도 있을 것이다. '책을 읽어도 실생활에 도움이 되는 건 별로 없지 않나? 꼭 책을 읽어야 삶이 풍요로워지는 것은 아니잖아?' 그런데 이런 의문은 이제 풀어지지 않았을까 싶다. 현명한 분이라면 이미 눈치챘을 것이다. 책장을 가득 메운 책들이 고독감의 침입을 막

아준다는 것, 바로 이것이 책을 읽음으로써 얻을 수 있는 커다란 이점이라는 것을 말이다.

고독한 선인과
만나다

내가 《히카와 세이와》를 1년 동안 들고 다닌 이유

나는 중학생 때 가장 절친했던 친구와 어떤 일을 계기로 소원해진 적이 있다. 그 친구는 새로 사귄 다른 친구와 늘 둘이서 도서관에 갔다. 외롭다는 이유로 누군가와 무리 지어 다니는 것을 좋아하지 않았던 나는 둘 사이에 끼어드는 것이 썩 내키지 않았다. 게다가 나는 친구 관계에 있어서 '오는 자는 막지 않고, 가는 자는 잡지 않는다'는 태도를 일관했다. 그렇다고는 하지만 정작 친구와 사이가 멀어지자 외로운 것은 사실이었다. 고독감에 사로 잡힐 위기였다.

물론 친구가 나를 싫어해서 사이가 멀어진 거라고 생각하지는 않았다. 여러분도 경험했겠지만, 그 또래 친구와의 교류는 특별한 이유 없이 가까워져다가 또 멀어지곤 한다. 나는 '무언가 사정이 있겠지' 하며 현실을 받아들이고, 책을 벗 삼기로 마음먹었다. 돌이켜보면 '고독감이 다가오지 못하도록 책을 철문으로 삼자'는 마음이 무의식적으로 내게 작용했던 것 같다.

친구란 나에게 다가오는 고독감을 차단해 주는 존재이기도 하지만, 왠지 자리를 잘 비우는 문지기 같은 면도 있다. 고독감의 귀문을 지키는 역할을 게을리하고 금세 어딘가로 가버리는 것이다. 당시 내게 친구가 되어 준 책은 가쓰 가이슈勝海舟의 《히카와 세이와氷川清話》였다. 중학생에게는 좀 어려운 내용이었지만 멋진 책이라고 생각했다. 그래서 무려 1년을 매일 지니고 다니면서 몇 번이고 읽었던 기억이 난다.

《히카와 세이와》는 가쓰 가이슈가 에도 아카사카의 자택에서 논한 시국 비판과 인물평 등을 모은 글로, 역사의 이면을 보여준다. 여러 번 읽은 덕분에 나는 가쓰 가이슈가 사이고 다카모리 西鄕隆盛(메이지 유신의 3걸 중 한 명-옮긴이주)나 요코이 쇼난 橫井小楠(메이지 유신 대표 사상가-옮긴이주), 도쿠가와 나리아키 德川 齊昭(미토번 제9대 번주-옮긴이주) 등에 관해 한 말을 상당 수준 암기하기에 이르렀다.

전편이 에도 사투리의 위세 좋은 구어체로 쓰인 덕인지 책을 읽으면 가쓰 가이슈가 내 눈앞에서 말하는 듯했다. 가령 가쓰 가이슈가 1868년에 사이고 다카모리와 에도성 무혈개성(메이지 신정부군과 구막부 사이에서 진행된 에도성을 새 정부로 인도하고, 이에 이르는 일련의 협상 과정-옮긴이주)을 결정했을 때를 회상하는 장면은 이런 식이다.

사이고란 자가 얼마나 배포가 좋은지 몰라. 편지 한 장으로 다마치의 저택까지 담판을 지으러 올 줄이야. 요즘 사람은 못 할 일이지.(중략)
담판을 짓게 되자 사이고는 내 말을 하나하나 신용하고, 한 점의 의심도 하지 않았네. "어려운 논의도 있겠지만 제가 이 한 몸 바쳐 받아들이겠습니다"라는 사이고의 이 한마디에 에도 백만의 생령도 그 생명과 재산을 지킬 수 있었고, 도쿠가와 역시 멸망을 면한 것이라.

어떤가? 가쓰 가이슈의 이야기를 일대일로 듣다니 이 처럼 풍부한 시간이 또 어디 있을까!

책과 좋은 친구가 되는 비결

책을 읽는 동안은 단독의 시간이면서도 책의 저자나 책 속 등장인물 중 누군가와 연결되어 있는 시간이다. 이 것이야말로 독서의 묘미가 아닐까. 다만 책을 읽으며 누 군가와 연결되려면 비법이 필요하다. 이를 세 가지로 정 리해 보았다.

① 저자가 살았던 시간을 공유하며 읽기

앞서 말한 《히카와 세이와》도 그렇지만 저자가 살았 던 시간을 '공유하는' 느낌으로 책을 읽으면 저자와의 친 밀도가 훨씬 높아진다. 특히 자서전이나 평전 같은 책은 비교적 쉽게 그런 느낌을 받을 수 있다.

내가 추천하는 책은 《후쿠자와 유키치 자서전》이다.

일본의 계몽가이자 교육가인 후쿠자와가 환갑의 나이에 생애를 되돌아보며 지은 이 책은 일본의 여러 자서전 중에서 최고의 걸작이다. 무엇이 훌륭한가 하면, 메이지 유신이라는 역사의 파고를 받아들이며 일본을 위해 한결같이 나아간 파란만장한 인생을 경쾌하면서도 깊이 있게 표현한 문장이다. 곳곳에서 후쿠자와 유키치 특유의 시원한 성격을 보여주는 에피소드가 소개되어 나도 모르게 웃음이 터져 나온다.

읽는 사람은 자기도 모르는 사이에 후쿠자와와 같은 시간에 있는 듯한 기분을 느낄 것이다. 특히 젊은 사람이라면 젊은 후쿠자와가 오가타 고안緖方 洪庵(에도시대를 대표하는 의학자-옮긴이주)에게 수학하던 때의 이야기를 꼭 읽어봤으면 한다. 당시 돈도 되지 않는 네덜란드어를 왜 열심히 공부했는지에 관한 이야기를 일부 소개한다.

어렵기도 하지만 재미도 있다. 고통 속의 즐거움, 고통이 바로 약이 되는 경우였다고 생각한다. 가령 이 약은 무엇에 좋을지 모르지만, 우리 외에 이렇게 쓴 약을 잘 먹는 자는 없을 거라는 식으로 병이 있는 곳도 따지지 않고 그저 쓰지만 더 먹어보겠다는 혈기였음이 틀림없다.

이 부분만 읽어도 향학심이 크게 자극되는 데다, 후쿠자와로부터 '고독이니 뭐니, 신세타령할 시간이 있으면 공부나 해라'하고 혼이라도 날 것 같다.

이 밖에 추천하는 자서전은 다음과 같다.

• 《가난한 사람들을 위한 은행가》(무함마드 유누스 저)
유누스는 대기근으로 고통받는 가난한 이들을 구제하고자 그라민 은행을 창설했다. 일본에서도 빈곤이 사회문제로 거론되는 가운데 유누스의 활동과 인생을 통해 경제적 자립이 얼마나 중요한지 절실히 알 수 있다.

• 《헬렌 켈러 자서전》(헬렌 켈러 저)
헬렌 켈러는 보고 들을 수 없는 중증의 장애가 있으면서도 교육과 복지, 세계 평화를 위해 온 힘을 쏟았다. 고통과 고난을 뛰어넘었을 때의 환희를 그녀와 함께 체험해 볼 수 있다.

• 《어느 메이지인의 기록-아이즈인 시바 고로의 유서 ある明治人の記録 会津人柴五郎の遺書》(시미츠 마히토 편)

막부 말의 아이즈 전쟁(보신 전쟁 국면 중 하나-옮긴이 주)에서 가족 전원이 자해하고 홀로 살아남은 아이즈번 무사 시바 고로의 기록을 정리하고 편집한 작품으로, 나는 재수를 하던 시절에 이 책을 읽고 당시 가지고 있던 고독감을 떨칠 수 있었다.

• 《나그네, 어느 물리학자의 회상》(유카와 히데키 저)

일본 최초의 노벨상 수상자인 유카와 박사가 스물일곱 살 때까지의 자전적 회상을 담은 책이다. 연구에 온 힘을 쏟는 자세를 보며 나도 나만의 영역을 탐구하는 자로서 살아야겠다는 다짐을 하게 되었다.

• 《프랭클린 자서전》(벤자민 프랭클린 저)

벤자민 프랭클린은 '번개는 전기'라는 것을 밝힌 과학자로 작가, 철학자, 정치가 등 멀티플레이어의 면모를 지녔다. 그의 개인사를 엮은 이 책은 그 자체로 미국의 역사라 할 만큼 걸작이다. 그가 걸어온 성공의 길과 공적인 이익을 위해 바친 헌신, 비즈니스를 성장시킨 노력 등 많은 것을 배울 수 있다. '나라면 어떻게 했을까?' 하고 생각하며 읽어보면 좋다.

이런 명저에는 대부분 저자가 경험한 고독과의 싸움이 그려져 있다. 그래서 이런 책들을 읽는다면 고독감에 끌려가지 않는 정신을 기르는 데 도움이 될 것이다.

② 주인공과 함께 성장하는 마음으로 읽기

교양소설 혹은 자기형성소설이라 불리는 장르가 있다. 낯설지도 모르지만, 독일에서 성립된 것으로 빌둥스로맨bildungsroman이라고 부르기도 한다. 이 장르의 책은 주인공이 여러 가지를 체험하며 자아를 형성하고 인격을 높여가는 과정을 담고 있다. 자서전과 달리 실재 인물을 다루지는 않지만, 소설 속 주인공이 시대와 함께 성장해가는 모습에서 자기 자신의 성장을 비춰볼 수 있다.

특히 이런 유의 책을 읽을 때는 '자기형성'을 교양의 관점에서 봐야 한다. 이런 의미에서 교양소설을 읽는 것은 자신의 교양을 높이면서 성장하는 데 적합한 '독서 중의 독서'라고도 할 수 있다. 이러한 교양소설의 대표주자가 바로 로맹 롤랑의 《장 크리스토프》이다. 베토벤을 모델로 삼았다는 이 작품은 가난한 음악가 집안에서 태어난 주인공 장 크리스토프가 태어난 순간부터 죽을 때까지의 과정을 정성껏 그려내고 있다.

더불어 19세기 말부터 20세기 초반의 유럽 사회와 민족성, 국민성, 인간과 예술가의 본질 등 한 사람의 인생과 연결된 여러 요소를 세밀하게 다루고 있다. 그래서 매우 현실적으로 느껴져 읽는 이로 하여금 주인공과 함께 성장하는 것처럼 느끼게 한다.

총 네 권으로 구성된 이 책은 상당한 장편으로, 좀처럼 다 읽기에는 버겁지만 바로 이 점이 매력이다. 매일 40~50쪽씩 읽다 보면 조금씩 성장하는 느낌을 받을 수 있고, 삶을 진취적으로 살아가는 주인공에게 감정이 이입되어서 고독감이 끼어들 것 같은 순간에도 평정심을 유지할 수 있다.

또 다른 교양소설로는 요한 볼프강 폰 괴테의 《빌헬름 마이스터의 수업시대》나 고트프리트 켈러의 《초록의 하인리히》, 토마스 만의 《마의 산》 등이 있다. 일본 문학 중에서는 시타무라 고진의 《이유 있는 반항》, 야마모토 유조의 《진실일로真実一路》 등이 있다. 이러한 교양소설을 책장의 일원으로 삼으면 필경 고독감을 차단할 수 있을 것이다.

③ 고독의 십자가를 등장인물에게 짊어지우며 읽기

동서고금을 막론하고 문학에는 고독으로 고통받은 끝에 자살하거나 다른 사람을 죽게 만든 인물이 종종 등장한다. 물론 그 이야기는 대부분 허구이며 일반적인 삶과 거리가 먼 삶을 사는 사람들의 것으로 보이지만, 마냥 남의 일로만 여겨지지 않는 부분도 있다.

만약 소설 속 주인공과 같은 상황에 놓인다면 나도 나쁜 선택을 하게 될까? 물론 그렇게 느낄 때도 있지만, 대부분은 역설적으로 살아갈 힘을 얻는다. 이것이 바로 '독서의 힘'이다. 소설 속 인물은 나를 대신해 나는 걷지 못한 또 하나의 인생을 살아준다. 문학에는 그런 마력이 있다. 따라서 등장인물을 내 분신처럼 여기며 책을 읽는 것도 고독감을 떨칠 수 있는 한 가지 방법이다. 말하자면 나로서는 짊어지지 못할 무거운 '고독의 십자가'를 등장

인물에게 지도록 하는 것이다.

다자이 오사무의 《인간 실격》을 예로 들어보자. 어린 시절부터 '인간을 이해할 수 없다'고 말한 주인공이 자신의 반생을 이야기하는 작품으로, 그는 세상이 두려워서 이상한 행동으로 모두를 웃기며 세상과의 간극을 메우려고 했다. 하지만 잘되지 않아 커다란 고독감을 안고 괴로워한다. "겉으로는 끊임없이 웃음을 보이면서도 내심으로는 필사적인, 그야말로 천 번에 한 번 올 것 같은 위기일발의, 식은땀을 흘리면서 하는 서비스였다." 이 짧은 글에는 주인공의 고통이 응축되어 있다.

그는 인간에 대한 공포를 잊고자 술과 여자와 마약에 빠지고, 마지막에는 정신병원에 들어가 인간이기를 포기한다. 그런 구원 없는 결말이다. 다자이의 실제 인생과 겹치는 부분이 많은 이 소설을 읽고 '그래, 나도 그처럼 되어야지' 하고 생각하는 사람은 없을 것이다. 오히려 '나라고 주인공처럼 되지 말라는 법은 없지. 같은 구멍에 빠진 이들이니, 나 대신 주인공이 최악의 상황을 연기해 준 것이야'라고 느끼며 도움을 받는 경우가 더 많지 않을까? 이것이 바로 《인간 실격》이 오랜 시간 사랑받아온 이유일 것이다.

표도르 도스토예프스키의 《죄와 벌》 역시 주인공에게 고독의 십자가를 짊어지게 할 만한 작품이다. 주인공 라스콜니콜프는 가난한 대학생으로, 명석한 두뇌의 소유자이지만 세상으로부터 제대로 평가받지 못하는 것에 불만을 품고 있다. 그리고 '하나의 사소한 죄악은 100가지 선행으로 보상받는다'는 제멋대로의 논리로 비도덕적인 고리대금업자인 노파를 살해한다. 자신이 그 재산을 유용하게 써보겠다는 마음으로 말이다. 하지만 살해 현장에서 우연히 마주친 노파의 여동생마저 살해하고 만다.

이 예기치 못한 제2의 살인이 라스콜니콜프의 마음에 무겁게 자리하면서 그는 죄의식에 사로잡히고, 고독하게 살 수밖에 없는 신세가 된다. 그런 그를 매춘부 소냐가 구원한다. "당신과 어디든 함께 갈게요. 함께 십자가를 짊어질게요"라며 고독한 라스콜니콜프에게 다가가 준 것이다.

재수생 시절에 이 책을 읽었던 나는 라스콜니콜프가 고독 속에서 힘들어하며 세상과의 연결고리를 점점 잃고, 공포를 느끼는 그 마음이 너무나 이해되었다. 나도 하숙집에서 매일 홀로 공부하며 '이런 시험공부에 의미가 있을까? 애당초 대학입시로 사람을 평가하는 세상이 이상한 것 아닌가?' 하고 의문을 품은 채 고군분투하고 있었기 때문이다.

나는 살인을 저지를 만한 인간은 아니지만,《죄와 벌》을 읽은 후 '아이고, 자칫하다가 나도 라스콜니콜프처럼 될 뻔했구나' 하고 생각했다. 다시 말하면《죄와 벌》을 읽음으로써 나는 라스콜니콜프가 살았던 또 다른 삶을 살아보는 경험을 한 셈이다.

고독감을 두려워하며 고뇌하는 인간의 모습은 문학 전반에 중요한 모티브 중 하나다. 그중에는 범죄까지는 아니더라도 죄스러운 행동을 하고, 그 죄의식으로 고통받는 인물들의 이야기가 많다. 서스펜스 장르는 모두 그렇다고 해도 과언이 아니다. '소설 속 등장인물 중 누군가에게 고독의 십자가를 짊어지우자'라고 의식하고 책을 읽으면, 나의 고통을 조금이나마 완화할 수도 있을 것 같다.

지금까지 나의 독서 인생을 되돌아보니 얼마나 많은

책이 '철문'이 되어 고독감이 들어올 틈을 막아주었는지 모른다. 많은 이야기를 했지만, 어떤 책이든 좋다. SNS상에는 친구가 많지만 마음에 고독감이 퍼져 힘들다면, 어떤 장르든 좋으니 일단 책을 펼쳐보자. 그것이 고독감을 해소하는 가장 빠른 방법이 되어줄 것이다.

문학, 철학, 종교는
고독과 어떻게 마주할까?

고독의 밑바닥에서 다시 일어서는 힘

앞서 말했듯이 문학을 읽으면 고독한 인물을 만날 확률이 상당히 높다. 여기서는 고독의 어둠 속에서 느낀 고통을 에너지로 바꾸며 그간 주위의 평가를 뒤엎은 인물 이야기를 두 가지 정도 소개하고자 한다.

하나는 1850년에 간행된 미국의 명작 《주홍글씨》다. 줄거리를 간략하게 소개하면, 청교도의 젊은 목사와 불륜을 저지른, 남편이 있는 여성 헤스터 프린이 주위로부터 죄를 규탄받고 철저히 외면당하는 고통과 괴로움 속에서 한 걸음 한 걸음 신뢰를 되찾아가는 이야기다. 제목인 '주홍글씨'는 헤스터의 옷가슴 부분에 새겨진 A라는 붉은 글씨의 '낙인'을 뜻한다. A는 '불륜adultery'을 의미하는데, 이런 일이 있으면 평생 죄를 짊어지고 살 수밖에 없으며 주위의 비난을 면하지 못한다.

실제로 헤스터는 고독의 밑바닥으로 떨어졌다. 마음에 고독의 암흑을 안고 지내면서도 열심히 바느질 일을 하며 살아가고자 애쓴다. 그러한 보람이 있었는지 헤스터는 결국 사람들로부터 인정받기에 이른다. 결국 그 주홍색 A라는 글씨는 유능함able의 A가 아니냐는 이야기가 들릴 정도로 상황이 역전된다. 이처럼 너대니엘 호손이 그려낸 드라마는 고독감이 걷힌 후에 펼쳐지는 세계를 선명하게 보여주고 있다.

최근에 SNS에서 중상모략을 받아 고독감에 빠지는 사람들이 늘고 있다. 마음이 무척 괴롭겠지만, 이 책을 읽는다면 언젠가 '고독감의 구름'이 걷히고 맑은 하늘이 제 얼굴을 드러낼 것으로 믿으며 열심히 살고자 하는 의지가 생기지 않을까 싶다.

다른 하나는 《산월기》 속 〈이릉〉이라는 작품이다. 한 무제 시절의 중국을 무대로 장군 이릉이 흉노와 싸우다가 포로가 된 실화를 바탕으로 한다. 사마천만 이릉을 감쌌는데, 그 탓에 사마천은 궁형이라는 생각지도 못한 형벌을 받는다. 궁형이란 생식기능을 빼앗기는 굴욕적인 형벌로, 그 형을 받았을 때의 고통과 그런데도 죽음을 택하지 않았던 사마천의 모습이 다음과 같이 묘사된다.

스스로를 잊고 벽에 머리를 박고 피를 흘린 그 몇 차례를 제외하고, 그는 저 자신을 죽이려고 하지 않았다. 죽고 싶었다. 죽을 수 있다면 얼마나 좋을까. 그것보다도 몇 배는 무서운 수치심이 앞섰기에 죽음을 두려워하는 마음은 전혀 없었다. 어째서 죽지 않았던 걸까?

사마천이 죽음을 택하지 않은 이유는 '역사를 쓰는' 일에서 삶의 의미를 찾았기 때문이다. 이후 사마천은 쓰는 일을 멈추지 않았다. 현실의 생활에서는 다시 열릴 수 없는 그의 입이 노중련의 혀끝을 빌려서 비로소 불꽃을 튀긴 것이다. 사마천이 쓴 130권, 526,500자에 달하는 《사기》는 그가 글을 쓰기 시작한 지 40년 그리고 부형의 화를 겪은 후 8년 동안 단독자로서의 시간을 쌓아온 끝에 완성한 작품이다.

나는 고등학생 때 심취해 소리 내어 읽었던 《사기》가 이런 상황에서 탄생한 것을 알고는 더 깊은 감명을 받았다. 단독자이기에 이루어낼 수 있었던 위업이리라. 나카지마 아쓰시가 훌륭한 문장으로 엮어낸 《산월기》를 읽으면 고독이 만들어내는 굉장한 에너지에 압도된다. 더불어 함께 이야기되는 이릉의 운명도 음미해 보기를 바란다.

미야모토 무사시에게 배우는 단독자의 길

'단독자로서 어떻게 살아야 하는가?' 이를 생각하고 실천하는 데 매우 도움이 되는 책이 있다. 바로 《오륜서》를 쓴 미야모토 무사시宮本武藏가 병상에서 썼다고 전해지는 《독행도獨行道》이다. 여기에는 스물하나의 내용이 매우 짧게 담겨 있으므로 해석과 더불어 전문을 소개한다.

- 하나, 세상의 이치를 거스르지 않는다(사람으로서 밟아야 할 길에 등 돌리지 말고 상식을 분별한다).

- 하나, 몸이 편안해질 궁리를 하지 않는다(자신의 쾌락을 추구하지 않는다).

- 하나, 결단코 남에게 의지하려는 마음을 가지지 않는다(무슨 일이든 남에게 기대지 않는다).

- 하나, 내 한 몸을 가볍게 여기고 세상을 중히 여긴다(자신보다 세상의 일을 깊이 생각한다).

- 하나, 일평생 욕심을 부리지 않는다(욕심에 휘둘리지 않는다).

- 하나, 사사로운 일에 후회하지 않는다(지나간 일을 두고 '그때 이렇게 할걸' 하고 후회하지 않는다).

- 하나, 흑백논리로 남을 시기하는 마음을 가지지 않는다(다른 사람의 일에 신경을 쓰지 않는다).

- 하나, 어떤 경우라도 이별에 슬퍼하지 않는다(이별의 순간을 맞이했을 때 슬퍼하지 않는다).

- 하나, 자신과 남에게 원한을 품지 않는다(자신에게도 남에게도 원한을 품지 않는다).

- 하나, 연모의 정을 품지 않는다(여성과 연애하지 않는다).

- 하나, 어느 것에도 편애를 두지 않는다(취미의 세계에 빠지지 않는다).

- 하나, 내 집을 가지려는 마음을 가지지 않는다(사는 장소

에 연연하지 않는다).

- 하나, 내 한 몸을 위해 맛있는 음식을 즐기지 않는다(사치스러운 식사를 좋아하지 않는다).

- 하나, 후손에게 물려줄 값비싼 골동품을 소유하지 않는다(돈이 될 만한 고가의 물건은 지니지 않는다).

- 하나, 흉한 징조에도 몸을 사리지 않는다(점 등을 보고 방향이나 날짜에 신경을 쓰지 않는다).

- 하나, 무기 이외의 다른 도구에 마음을 두지 않는다(무기는 별도로 두고, 다른 도구류에는 특별히 취미를 갖지 않는다).

- 하나, 도를 깨닫기 위해서는 죽음을 두려워하지 않는다(병법의 도에는 언제 죽어도 좋다는 각오로 임한다).

- 하나, 늙어서 재산과 땅을 탐하지 않는다(땅도 재산도 갖지 않는다).

- 하나, 신과 부처를 경배하나 의지하지 않는다(신불은 경배하지만 기대지 않는다).

- 하나, 몸은 버릴지라도 명예와 긍지는 버리지 않는다(목숨보다 명예를 중히 여긴다).

- 하나, 항상 검술의 도에서 벗어나지 않는다(늘 병법의 도에 따르고 죽을 때까지 수행과 단련을 계속한다).

'사사로운 일에 후회하지 않는다'는 말은 꽤 유명한데, 자신의 사적인 이해에 대해 후회하지 않는다는 뜻이다. 이를 실천하면 단독자로서 강한 마음을 갖고 쓸데없는 일에 수선을 떨지 않으며 심플하게 살 수 있을 듯하다.

연애하지 말라는 가르침은 그냥 넘기자. 나는 고등학생 때 이 가르침을 따랐다가 무척 후회했다. 무사시의 경지에 오르기는 어려울지 모르지만, 각자의 분야에서만큼은 이런 마음으로 임할 수 있으니 '나의 길'을 걷는 지침서로써 활용하면 되겠다.

나만의 인생곡이나 시를 찾아보자

고독감은 현대인만 느끼는 게 아니다. 만요슈의 시대, 아니 훨씬 더 옛날부터 사람들과 함께했다. 이것은 멋진 일이다. 왜냐하면 그 고독감 덕분에 정감 넘치는 노래와 시가 많이 탄생했기 때문이다. 그런 노랫말과 시를 읽고 가인이나 시인과 마음을 나누다 보면 자신의 마음을 뒤덮은 '고독의 구름'을 자연스레 걷을 수 있다.

그중에서도 꼭 읽어보길 바라는 가집의 대표주자는 바로 《만요슈》(일본의 가장 오래된 최고의 시가집-옮긴이주)

이다. '레이와슈和'라는 새로운 연호가 여기서 유래했다고 해서 한때 주목을 받았다. 이 책을 통해 다시금 현대인의 고독감을 위로하며 마음을 개운하게 해주는 노래가 사랑받았으면 좋겠다. 가령 《만요슈》를 편집한 오토모노 야카모치大伴家持는 자신의 고독감을 이렇게 노래했다. "화창하게 내리쬐는 봄볕에 종다리 날아오르고 슬픔을 홀로 생각하네."

혼자 생각에 잠겨 있는데 문득 마음에 외로움이 찾아든다. 하지만 슬픔에 사로잡히지 않고 조용히 자신의 내면세계를 응시하는 느낌이다. 혼자 시간을 보내는 것은 외롭지만 그것 또한 풍요로운 시간이라고 깨닫게 해준다. 야카모치와 마음이 통한 순간에 고독감은 사라지지 않을까?

《백인일수》(중세 일본에서 백 명의 시인들의 시를 한 사람에 한 수씩 집대성한 시집-옮긴이주)에는 사랑하는 사람과 이별한 후 외로운 시간에 관해 읊는 노래가 많다. 이 시집은 연인이 곁에 없어서 생기는 고독감을 채워주는데, 어쨌거나 좀처럼 만나기 힘들거나 홀로 잠드는 밤이 외롭다는 내용의 노래가 많다. 예를 들면 이렇다.

단독자

- 길게 늘어진 산새의 꼬리처럼 기나긴 밤을 사랑하는 임 그리며 나 홀로 잠에 드네.
- 서리 내리고 귀뚜라미 우는 밤 차디찬 멍석 위 옷자락 베개 삼고 홀로 누워 있는가.
- 사랑의 언약하지 말 것을. 그리했다면 임도 나도 이런 원망은 없었을 텐데.
- 괴로운 마음 무엇으로 말하리. 수로표처럼 이 목숨 다 바쳐서 꼭 만나고 싶어라.

모두 혼자만의 외로움을 정감 있게 표현하고 있다. 다양한 노래집을 읽고 가인들에게 공감하고 위로받을 수 있는 노래를 찾아보면 어떨까? 그중 마음에 드는 가사를 종이에 적어보거나 스마트폰에 저장해 봐도 좋겠다. 오랫동안 들어온 노래에는 여러분이 느끼는 감정 대부분이 담겨 있으니 자신의 마음에 딱 맞는 노래를 찾을 수 있을 것이다.

시집도 좋다. 앞서 소개한 미야자와 겐지의 시처럼 고독한 심정을 토로한 작품이 상당히 많다. 가령 나카하라 주야中原中也는 〈달밤의 해변〉이라는 시에서 해변을 홀로 산책하며 파도에 떨어진 단추를 주웠을 때의 심정을 마지막 4행에서 이렇게 적었다.

달밤에 주운 단추는 손끝과 마음에 스미어,
달밤에 주운 단추는 어째서 버리지 못하는 걸까?

자신의 고독감을 떨어진 단추에 비유한 것일까? 단추를 버리지 못하고 주머니에 넣은 그 순간 나카하라는 단추와 마음이 통한 것 같다. 시를 읽는 사람 역시 시인과 더불어 마음속의 고독을 절실히 느낀다. 이 시에는 그런 장점이 있다.

또 다카무라 고타로高村光太郞의 〈겨울이 왔다〉라는 시에서는 겨울의 냉혹함을 이겨내는 용기가 느껴진다. 읽다 보면 고독과 마주할 힘이 솟아날지도 모른다. 겨울을 고독이라 생각하고 음미해 보자.

딱 잘라서 겨울이 왔다.
팔손이나무의 하얀 꽃도 지고
은행나무도 빗자루가 되었다.

살을 베는 듯한 겨울이 왔다.

사람들이 싫어하는 겨울.

초목이 등 돌리고

벌레가 도망치는 겨울이 왔다.

겨울이여

내게로 오라, 내게로 오라.

나는 겨울의 힘, 겨울은 내 먹이다.

투명하게 꿰뚫어라.

불이 나게 하라, 눈으로 묻어라.

칼날 같은 겨울이 왔다.

고독을 중시하는 불교의 메시지

종교는 고독을 어떻게 바라볼까? 우선 일본인에게 가장 가까운 종교인 불교는 '혼자 살다 가는 것'을 기본 자세로 권한다. 불교의 시조인 붓다의 말을 집성한 가장 오래된 경전《수타니파타》에 그것이 상징적으로 드러난다. 주목해야 할 것은 〈뱀〉, 〈무소의 뿔〉에 수록된 수십 개의 문구다. 모든 문장이 '무소의 뿔처럼 혼자서 가라'라는 말로 끝난다.

무소의 뿔은 앞과 위로 곧게 뻗어 있으며, 그 두께가 두껍고 힘이 강력하다. 그런 무소의 뿔에 붓다는 어떤 의미를 담은 것일까? 나는 이렇게 풀이했다. '무소가 뿔 끝만을 보고 똑바로 나아가듯이 인간도 주위를 신경 쓰지 말고, 혼자라는 사실에 외로워하지도 위축되지도 말며, 오히려 고독을 즐기며 살아라.' 여기서 인상적인 문구를 다섯 개 정도 인용해 보면 그 박력을 알 수 있다.

35. 모든 살아 있는 것들에게 폭력을 쓰지 말고, 살아 있는 그 어느 것도 괴롭히지 말며, 또 자녀를 갖고자 하지도 말라. 하물며 친구이랴. 무소의 뿔처럼 혼자서 가라.

36. 만남이 깊어지면 사랑과 그리움이 생긴다. 사랑과 그리움에는 고통이 따르는 법. 사랑으로부터 근심 걱정이 생기는 줄 알고, 무소의 뿔처럼 혼자서 가라.

40. 동행이 있으면 쉬거나 가거나 섰거나 또는 여행하는 데도 항상 간섭받게 된다. 남들이 원치 않는 독립과 자유를 찾아, 무소의 뿔처럼 혼자서 가라.

69. 홀로 앉아 명상하고 모든 일에 항상 이치와 법도에 맞도록 행동하며 살아가는 데 있어서 무엇이 근심인지 똑똑히 알고, 무소의 뿔처럼 혼자서 가라.

75. 사람들은 자신의 이익을 위해 친구를 사귀고 또한 남에게 봉사한다. 오늘 당장의 이익을 생각하지 않는 그런 사람은 보기 드물다. 자신의 이익만을 아는 사람은 추하다. 무소의 뿔처럼 혼자서 가라.

진리이기 때문일까? 2,500년 전의 가르침이지만 오래되었다고 느껴지지 않는다. 이토록 중심이 잘 잡혀 있다면 '혼자'도 꽤 괜찮은 듯하다. 무소의 뿔처럼 홀로 걷는 자는 고통의 근원에 있는 욕망이 채워지지 않아서 생기는 집착에서 해방되어 자유로워진다. 이것이 붓다의 메시지다. 고독을 거리끼기는커녕 찾아다녀야 하는 것이 아닐까 싶을 정도다.

충실한 고독에 잠기는 기도의 시간 갖기

기독교는 성서를 통해 신과 마주하는 것을 중시한다. 성서에 있는 신의 말씀을 자신에게 비추어 생각하고, 신에게 기도하고, 말을 건다. 고독하지만 신과 연결된 상태에서 시간이 흐른다. '기도'는 무언가를 바라기만 하는 행위가 아니다. 신의 목소리에 귀를 기울여 마음을 진정시키고, 진정한 자기 자신과 마주하는 행위이다. 그래서 기도하는 시간은 '충실하게 고독에 잠기는 시간'이라고 해도 될 것이다.

가톨릭의 수도원에는 '침묵 수행'이라는 게 있다. 예를 들어, 프랑스 알프스의 산중에 자리한 그랑드 샤르트뢰즈 수도원을 보자. 900년여 전에 세워진 이 수도원에서 수도사들은 외부와의 교류를 일절 차단하고, 각자의 방에서 하루 대부분을 기도하는 데 바친다.

몇 년 전, 일본에서는 〈위대한 침묵, 그랑드 샤르트뢰즈 수도원〉이라는 다큐멘터리 영화가 상영되었다. 꼬박 1년 동안 그곳의 수도사들을 따라다니며 촬영한 그 영상에는 내레이션도 효과음도 없다.

그들이 생활하는 방에는 책상과 침대 그리고 기도대 외에는 아무것도 없었다. 기도나 집회, 산책할 때를 제외하고는 평일 대부분을 고독과 침묵 속에서 보낸다. 전원이 모여 예배를 드리는 것은 하루에 세 번. 수도사들끼리 대화할 수 있는 때는 일요일과 제일에 열리는 집회나 담화 시간뿐이라고 한다. 타의 추종을 불허하는 엄격함이라 할 수 있다.

물론 이렇게 수행자가 모여 엄격한 환경 속에서 생활하는 예는 가톨릭뿐만 아니라, 다른 종교에서도 찾아볼 수 있다. 그만큼 고독한 생활은 인간의 마음에 풍요로움을 가져오는 것일지도 모른다.

고독을 철학하면 보이는 것들

고독은 철학에 있어 중요한 주제 중 하나다. 그래서 고독에 관해 논하는 철학자가 많다. 그중에서 내가 추천하고 싶은 학자는 독일의 철학자 아르투르 쇼펜하우어이다. 그는 《쇼펜하우어의 행복론과 인생론》이라는 책에서 상당한 페이지를 할애하여 고독의 훌륭함에 관해 적었다. 예를 들면, 이런 글귀가 있다. "인간은 혼자 있을 때만 온전히 그 자신일 수 있다. 그러므로 고독을 사랑하지 않는 자는 자유도 사랑하지 않는 자라고 할 수 있다."

다시 말하면 인간은 혼자 있는 시간만큼 자유로울 수 있다는 말이다. 누군가와 함께 있을 때는 상대가 가족이

든 친구이든 100% 자유롭게 행동하지 못한다. 쇼펜하우어의 말을 들으니 '혼자 있는 지금 이 순간, 나는 자유를 만끽하고 있다'는 생각이 든다.

또 고독을 사랑하는 쇼펜하우어는 사교성에 관해서도 독자적인 화법으로 표현했다. "매섭게 추운 날 사람들이 서로 부대끼어 몸을 덥힌다. 사교는 이와 비슷하여, 인간이 서로 접하여 정신적으로 따뜻하게 만드는 활동이라고 볼 수 있다. 하지만 혼자서도 정신적으로 큰 온기를 지닌 사람은 이런 집단을 만들 필요가 없다."

지적 수준이 높은 사람은 고독을 통해 이중의 이익을 얻는다. 하나는 자기 자신을 상대하는 이익이고, 다른 하나는 타인을 상대하지 않는 이익이다. 그 밖에도 "사람의 사교성은 지성적인 가치에는 거의 반비례"한다거나 "고독은 뛰어난 사람들의 운명과도 같은 것"이라고 말했다. 이렇게까지 말하다니 놀라울 따름이다. 상당히 편향된 시각 같지만, 철학자는 어디까지나 현상의 본질을 좇으려고 하는 사람이라 때로는 이런 화법을 쓰기도 한다.

어쨌든 사교성이 없고 친구가 거의 없어서 고민인 사람이라면, 쇼펜하우어는 그것을 기뻐해야 할 일이라고 말했다는 사실을 기억하자. 사교적이지 못하다는 것은 오히려 뛰어난 자질이라고 말이다.

노장사상을 내 것으로

사상계에서는 고독감을 줄일 때 노장사상이 도움이 될 듯하다. 노장사상이란 노자와 장자의 사상을 바탕으로 이루어진 수많은 논변으로, 만물의 근원이 되는 '도道'에 따라 무위자연의 삶을 경외한다. 즉, 아무것도 바라지 않고, 아무것도 위하지 않고, 아무것도 하지 않는다. 말하자면 신선처럼 사는 것일 텐데 '무리하지 않고' 사는 데에는 상당히 도움이 된다.

먼저 노자는 물에서 이상적인 삶의 방식을 찾았다. 그것을 상징하는 말이 바로 이것이다.

상선약수. 물은 만물을 이롭게 하고 다투지 않는다. 또한 중생이 꺼리는 곳에 자리한다. 이 어찌 도가 아닌가.

또 물에는 형태가 없어서 조그만 틈새로도 들어갈 수 있다거나 제아무리 굳세고 강한들 유약한 물도 이겨내지 못한다고 했다. 중국의 《한서》에는 '낙숫물이 바위를 뚫는다', 즉 한 방울의 물은 힘이 없지만, 오랜 세월 거듭 같은 곳에 떨어지면 단단한 돌에 구멍을 낼 만큼 힘이 있다는 말도 있다.

《노자》에서 중요하게 다루는 사상은 더 있다. '족한 것을 아는 자는 풍요롭다.' 현실에 만족하는 것이 진정한 풍요로움이라는 의미로, 결국 지금의 나, 현재의 생활, 지금 이대로의 환경을 받아들이고 만족하며 사는 것을 권하는 가르침이다. 이러한 사상을 내 것으로 만들면 고독이나 인간관계로 인한 고민은 거의 문제되지 않는다.

《장자》에서는 크게 두 가지, 만물제동과 무용의 쓰임에 관해 말한다. 만물제동이란 '모든 것은 같다고 여기고 받아들인다'는 뜻이다. 가령 인간관계의 갈등, 분쟁 등은 서로의 차이를 인정하지 않는 데서 일어난다. 이때 만물제동의 사상을 믿으면 훨씬 관용적인 태도를 갖출 수 있다.

무용의 쓰임이란 '언뜻 아무런 쓸모가 없어 보이는 것이 오히려 도움이 될 때가 있다'는 사상이다. 한마디로 매사를 반대 측면에서 보라는 가르침이다. 고독에 관해 말한다면, 혼자는 외롭지만 그 덕분에 시간을 원하는 대로 쓸 수 있다는 식이 아닐까 싶다.

　노장사상은 '인간도 자연의 일부'라고 생각하는 이념이다. 이 시각에서 본다면, 사소한 일로 고민하고 주저하는 것이 어리석다고 느껴진다. 인간을 장대한 우주 속의 작디작은 존재라고 생각하면 어떤 고민도 괜찮다고 여겨지는 것이다.

4장

자기만의 방을
만드는
은둔의 기술

고독감을 위로하는
엔터테인먼트

외로울 때 듣는 나만의 힐링 송

고독감을 해소해 주는 벗으로 음악만 한 것도 없다. 책을 읽는 데는 시간이 들지만, 음악은 그렇지 않으니 참으로 큰 장점이 아닐 수 없다. 그러니 고독감이 들 땐 일단 음악을 틀고 그 공간에 몸을 맡겨보자. 일을 하면서 음악을 들어도 괜찮다. 멜로디를 배경 삼은 상황만으로도 외로운 마음에 위로가 된다.

리듬에 몸을 맡기다 보면, 멜로디가 마음속으로 들어

온다. 리듬과 멜로디가 하나가 되어 나를 위로해 주는 셈이다. 나는 특히 외로울 때면 듣는 곡을 정해 놓고, 그것을 1~2주 동안 200번 정도 듣는다. 이름하여 '원 트랙리피트one track repeat' 방식이다. 그 음악을 듣는 중에는 고독감을 차단할 수 있으니 결국에는 고독감이 흩어진다.

만약 자기만의 힐링곡이 없다면 누군가가 권하는 곡을 들어보는 것도 나쁘지 않다. 꽤 오래전의 일이지만, 나 역시 학생으로부터 "백 넘버back number라는 밴드의 곡이 정말 좋거든요. 교수님도 꼭 들어보세요" 하고 추천을 받아서 들어보고는 좋아하게 된 적이 있다. 가령 '높은 곳의 하나코 씨高嶺の花子さん'라는 곡을 들으면 애절한 사랑의 감정에 공감되었고, '해피엔드Happy End'라는 곡을 들으면 제목과 달리 실연의 감정에 공감되었다. 나는 이 노래들을 원 트랙 리피트 방식으로 몇 번이고 들었다.

딱히 고독한 것도 아니고 실연과는 거리가 먼 생활을 하면서 어째서 그렇게 반복해서 듣고 싶었는지 스스로 이상했지만, 어쩌면 과거에 실연했을 때의 풋풋한 감상 같은 것을 떠올리고 싶어서 그랬는지도 모르겠다.

한창 연애할 때와 달리 실연의 타격을 받을 일이 없는

소위 '실연 안전지대'와 같은 곳에서 감상적인 기분만 느끼고 싶었다. 동시에 가사가 그려내는 젊은 시절의 연애에 내 모습을 투영하며 '자기애'에 빠지고 싶은 마음도 있었던 것 같다.

노래를 들으면 실연에 따른 고독감이나 좌절감이 치유되고 풍부한 정감으로 승화된다. 지금 실연으로 힘들어하고 있다면 '실연의 상처 덕분에 언젠가 감성 넘치는 인생을 즐길 수 있을 것'이라 믿어보자. 그리고 내 마음을 위로하는 음악을 질리도록 들어보자.

커다란 고독감으로 조그마한 고독감을 씻어내기

카타르시스katharsis라는 말을 들어본 적 있는가? 고대 그리스 의학에서는 배설을 뜻했지만, 아리스토텔레스는 저서 《시학》에서 비극의 목적과 고통의 감정을 정화하는 것을 이 단어로 표현했다. 비극을 보면 주인공의 슬픔과 고통에 감정이 이입돼 눈물을 흘리게 된다. 이를 통해 보는 이가 가진 마음의 응어리는 정화된다. 고독감에 빗대어 쉽게 말하면, 비극에는 비극의 주인공이 가진 커다란 고독감으로 보는 사람의 작은 고독감을 씻어내는 효과가 있다는 말이다. 인간과 인생의 본질이 담긴 그리스 비극이기에 이러한 카타르시스 효과가 높다고 할 수 있겠다. 특히 그리스 비극 중에서도 소포클레스의 《오이디푸스 왕》은 걸작이다.

테바이라는 나라에 역병이 퍼져 고통받는 백성들 앞으로 장차 이 나라의 왕이 될 오이디푸스가 찾아온다. 그리고 그들을 구하고자 '선왕 라이오스를 살해한 하수인을 벌하라'는 아폴론의 신탁에 따라 범인을 찾아 나선다.

그런데 진실을 아는 예언자로부터 생각지도 못한 말을 듣게 된다. "선왕의 암살자는 너 자신이다"라고. 오이디푸스는 실은 선왕이 버린 아들이었던 것인데, 그 자신은 그런 사실을 꿈에도 모르고….

그야말로 비극적인 요소가 가득하다. 미수에 그치기는 했지만, 자녀 살해 시도, 부친 살해, 어머니와 결혼하는 근친혼 등 그야말로 일반인으로서는 하기 어려운 일들이 벌어진다. 게다가 결말은 오이디푸스 왕이 스스로 원흉임을 알고 자신의 눈을 찌르는 것으로 끝난다. 정말이지 어떻게 구제할 수 없는 이야기이지만, 커다란 비극적 운명을 몸소 받아들이는 것이 영웅의 자세다.

관객은 멈출 수 없는 눈물을 쏟으며 무의식적으로 '내가 가진 어려움은 오이디푸스 왕의 것에 비하면 아무것도 아니었어' 하고 생각하며 위안을 얻는다. 이는 '내게 일어날지 모르는 비극을 오이디푸스 왕이 대신 짊어진 것'으로 느끼기 때문이다. 그래서 비극을 보면 위로를 받는다.

그리스 비극뿐만 아니라, 연극에도 카타르시스 효과를 기대할 수 있는 요소가 풍부하다. 그러고 보니 가부키 배우 반도 다마사부로坂東玉三郎 씨가 토크쇼에서 한 말이 떠오른다. "슬픔을 연기할 때 그것을 아름다운 슬픔으로 승화해 연기하여 관객들의 마음속 슬픈 감정을 씻어내는 일을 중요하게 여긴다."

오락 방송 구독하기

요즘에 '혼자 있는 시간에 아무것도 할 게 없어서 심심하다'라고 느낄 때가 있을지 싶다. 방송가를 석권할 기세로 '구독의 파도'가 도래하는 가운데, 아무것도 하지 않고 있는 게 더 어려울 정도이니 말이다.

나는 아마존 프라임부터 넷플릭스, 훌루, DAZN까지 OTT 프로그램은 거의 구독한다. 물론 지상파, BS, 와우와우에도 가입했고 24시간 녹화 비디오로 보고 싶은 프로그램을 쉽게 녹화하기도 한다. 이런 것을 전부 보는 데 필요한 시간은 아마도 인생의 시간보다 많아야 할 것 같다. 극단적으로 말하면 '구독의 탕'에 기분 좋게 몸을 담그고 있으면, 눈 깜짝할 사이에 시간이 흘러 인생을 마무리하게 될 수도 있다.

이런 관점에서 마음에 퍼진 고독감을 불식시키는 방법이라 생각하며 좋아하는 방송을 보는 일에 푹 빠져보는 것도 나쁘지 않다. 역설적으로 그만큼 고독감을 마음에 담아두고 있어서는 안 된다는 말이다. 오락 콘텐츠가 연이어 방송되는 구독의 탕에 몸을 담그면 분명 마음이 편안해질 것이다. 그 탕을 종종 즐기는 내가 장담한다.

내 인생을 껴안는
작업

글을 쓰는 일에는 상당한 에너지가 필요하다. 자신의 마음을 글로 써 내려가는 작업이 그리 쉽지 않기 때문이다. 하지만 그래서 더 재미있다. 내 생각을 쓰는 동안에는 그야말로 단독자로서 시간을 보내는 것이기 때문이다. 그 시간을 통째로 자기 생각을 쓰는 데 사용하는 것이니 이보다 더 호화로운 일이 어디 있겠는가?

쓰는 행위를 하면 집중해서 생각할 수 있고 그럼 복잡

했던 머릿속이 정리된다. 더불어 그 과정에서 충실감을 느끼게 된다. 게다가 쓰기는 생각을 말로 바꾸어 '밖으로 표출하는' 행위이다. 말의 실을 엮으며 마음속에 엉켜있던 기분이 확 풀리는 시원함을 느낄 수 있다.

가령 직장에서 갑질을 당해 고민하고 있다고 해보자. 그때 머릿속으로 '정말 싫어. 어떻게 하지? 아마 갑질이라고 인정받지 못하겠지? 고소하면 보복을 당하지는 않을까?' 하고 생각하는 것만으로도 마음이 무거워진다. 그 누구에게도 쉽사리 상의하지 못하기 때문에 고독감으로 고통을 겪기도 할 것이다.

하지만 기록을 남긴다는 생각으로 내가 겪은 일을 글로 쓰면 현실을 분명하게 보고, 사실 관계를 명확히 정리하게 된다. 결과적으로 '이불속에 들어가 울고만 있지 않겠어. 이야기해야지' 하고 생각을 행동으로 실행할 수 있을지도 모른다. 이처럼 글쓰기는 자칫하면 갑질에 꺾여버릴 것 같았던 마음도 강하게 만들어준다.

실제로 나는 학생들에게 에세이(의견이나 감상을 적은 산문 형식의 글-옮긴이주)를 쓰는 과제를 매주 냈는데, '다들 너무 힘들어할까?' 하고 걱정했지만 기우에 불과했다.

의외로 반응이 좋았으니 말이다. 에세이 주제는 '이번 일주일 동안 있었던 일'이나 '최근 3년 동안 가장 인상에 남은 일', '아르바이트 경험' 등으로 다양했다. 읽는 사람을 즐겁게 만드는 것을 목표로 1,200자 정도의 글을 쓰도록 학생들에게 요청했다. 이 과제를 수행한 학생들은 '나에 관해 객관적으로 바라볼 수 있었다', '나의 마음 상태가 글로 드러나니 살아 있음을 실감했다', '글쓰기 덕분인지 마음속 우중충하던 기분이 걷히고 불평도 줄어들었다'는 후기를 들려주었다. SNS에 쓰는 흔한 수다 같은 글과 달리 '진정 자신을 표현한 느낌'이 강하게 들었기 때문이 아닐까?

남에게는 결코 보여줄 수 없는 일기

요즘 일기를 쓰는 사람이 과연 몇이나 될까? 최근에는 청년들을 중심으로 블로그처럼 '읽는 사람이 있다는 전제하에' 일기를 쓰는 사람이 더 많은지도 모르겠다. 이 방법도 나름 괜찮지만, '아무에게도 보여주지 않는 나만의 일기'를 쓰는 것이 좋다. 이런 아날로그적인 매력을 다시 느껴본다면 고독감이 줄어들 것도 같다.

롤 모델로 삼을 만한 인물은 안네 프랑크로, 역사적 기록으로서도 가치가 높은 《안네의 일기》를 쓴 여성이다. 자신을 위해 쓴 일기와 공표를 기하고 고쳐 쓴 일기 두 종류가 있는데, 추가로 발견된 일기는 증보개정판으로 출간되기도 했다.

유대계 독일인 가정의 차녀로 태어난 안네는 나치에 의한 유대인 학살을 피해 가족들과 네덜란드의 암스테르담으로 이주했다. 나치의 눈을 피해 지하에 숨어 살았지만, 결국에는 발각되고 만다. 안네가 베르겐벨젠 수용소에서 사망했을 당시의 나이는 겨우 열다섯 살로, 일기에는 숨어서 생활했던 나날이 담겨 있다. 안네는 어째서 일기를 쓰고자 한 것일까? 일기에 그 답이 적혀 있다.

나는 쓰고 싶다. 아니, 그것뿐만 아니라 마음의 저 밑바닥을 뒤덮고 있는 것을 씻어내어 보여주고 싶은 것이다. 내가 어째서 일기를 쓰기 시작했는지, 그 이유는 그런 진정한 친구가 내게는 없기 때문이다.

안네는 일기를 진정한 친구라고 생각하고 '키티'라는

이름을 붙였다. 그리고 일기를 끝마칠 때는 반드시 '안네가' 또는 '안네 M. 프랑크로부터'라고 썼다. 이는 일기가 키티라는 친구에게 보내는 편지이자 자신이 살아 있다는 각인이었기 때문이리라. 안네는 또 '키티는 언제나 잘 참기 때문에 내 말을 끝까지 들어줄 것'이라고 적었다. 그녀에게 일기는 '반론도 부정도 하지 않고 그저 가만히 이야기를 들어주는 친구' 같은 존재였다는 것을 알 수 있다.

현실의 친구에게 내 감정을 숨김없이 털어놓았을 때 어떻게 받아들일지는 친구의 마음이다. 마음속으로 내 생각에 반대하거나 나를 성가시게 여기거나, 내 마음을 왜곡해서 이해할지도 모른다. 그러면 고독감은 오히려 더 심해질 수 있다. 이런 점에서 일기는 '그저 내 이야기에 귀를 기울여주는 가공의 친구'이므로 내 마음을 꾸밈없이 털어놓기에 쉽다.

게다가 안네는 일기를 쓰며 불행에 압사당하지 않을 강인함을 키웠던 것으로 보인다. 안네는 행복을 추구하는 것에 관해 이렇게 썼다.

나는 어떤 불행 속에서도 늘 아름다운 것이 남아 있음을 발견했다. 그것을 찾을 마음만 있으면 그만큼 많은 아름다운 것들, 많은 행복을 발견하고 마음의 조화를 되찾을 것이다. 그리고 행복한 사람은 누구든지 다른 사람까지 행복하게 만든다. 그러한 용기와 신념을 가진 사람은 결코 불행에 쓰러지지 않는 법이다.

이런 구절을 읽으면 현실 속에서 이런저런 불만을 늘어놓은 것이 살짝 부끄러워진다. 더불어 강인함이란 '배우며 키워가는 것'이라고 알려주는 듯하다.

운동의
즐거움

둥지 생활은 심신의 순환을 막는다

지난 몇 년 동안 팬데믹으로 외출을 마음대로 하지 못해, 소위 말하는 '둥지 생활'을 강요받은 사람이 많았을 것이다. 그래서 혼자 있는 시간도 길어지고, 움직임도 줄어들었다. 머릿속 잡념은 계속 쌓이는 반면에 밖으로 분출할 기회가 줄어드니 기분은 점점 울적해졌을 것이다.

게다가 스마트폰을 비롯한 디지털 기기를 과하게 사용한 탓에 심신이 더욱 피폐해졌다고 할 수 있다. 둥지 생활에는 이런 경향을 더 심화시키는 면이 있다. 몇 년 전 《인스타 브레인》이라는 책이 출간되었다. 저자인 스웨덴 정신과 의사 안데르스 한센 박사에 따르면 "하루 두 시간 이상의 스마트폰 사용은 우울증의 위험성을 높인다. 그런데 현대인은 하루 평균 네 시간 동안 스마트폰을 사용한다"고 한다. 스마트폰으로 방대한 정보가 끊임없이 인간에게 흡수되면 뇌의 정보처리기능이 이를 따라가지 못해서 뇌에 '과로'를 일으키는 것이다.

스마트폰뿐만 아니라 PC 작업도 오래 할수록 같은 현상을 일으킨다. 사무직 근로자들은 PC와 스마트폰의 더블 펀치를 맞으니 뇌의 과로를 겪을 위험이 더 높다. 이렇게 뇌의 기능이 떨어지면 일에 악영향을 미칠 뿐만 아니라, 정신과 육체가 언제나 피로하고, 밤에는 숙면하지 못한다. 게다 짜증이 잦아지고, 금세 의기소침해지며 집중력도 떨어지고, 의욕이 생기지 않는 등 심신에 여러 가지 문제가 생긴다.

그럼 어떻게 해야 에너지를 순환시키고, 뇌의 과로를 풀어줄 수 있을까? 답은 단순하다. 운동이다! 인류는 500만 년에 이르는 긴 시간 동안 계속 '몸을 움직이는' 생활을 해왔다. 몸을 움직이지 않아도 생활이 가능해진 지는 길어 봐야 최근 100년 정도다. 긴 역사에 비추어 보면 눈깜짝할 정도로 짧은 기간이다. 인류가 몸을 움직이지 않는 생활에 익숙해져도 심신을 건강하게 '진화'시키는 날이 오려면 아득할 만큼의 시간이 필요하지 않을까? 돌려 말하면 인간은 몸을 움직여야 한다는 것이다. 운동하지 않고서는 몸과 마음을 건강하게 유지할 수 없다.

기분전환을 하듯이 몸을 움직이자

몸을 움직이는 가장 손쉬운 방법은 산책이다. 게다가 산책을 하면 사계절의 변화와 풍경 그리고 바람과 공기를 느끼며 거리를 오가는 사람들과 시선을 맞추면서 기분을 전환할 수 있다.

도깨비불이 되어 바람 쐬러 갈까나, 여름 들판에.

이것은 에도시대 후기에 활약한 풍속화가 가쓰시카 호쿠사이가 죽을 때 남긴 말이다. 도깨비불이 되어 여름 들판에라도 나가 기분을 전환해 볼까라니. 죽음을 앞두고 이토록 경쾌한 구를 읊다니 놀라지 않을 수 없다. 예상하건대 호쿠사이는 그림을 그리기 시작하면 거의 둥지 생활을 했을 것이다. 하지만 그렇게 해서는 심신의 에너지가 순환되지 않는다는 사실을 느꼈으리라. 두뇌 회전이 더뎌지고 몸이 굳어지면 기분전환 삼아 산책에 나섰을지 모른다.

혹시나 산책해야지 하면서도 꾸물거리는 자신을 발견한다면, 스스로 에너지를 주기 위한 구령으로 이 구절을 읽어보면 어떨까? 무거운 엉덩이를 가볍게 들 수 있을 것 같다.

산책하면 계몽가 후쿠자와 유키치를 빼놓을 수 없다. 아들, 손주, 문하생 등의 이야기를 중심으로 편집한《평상복의 후쿠자와 유키치ふだん着の福澤諭吉》라는 책에 그가 산책하는 모습은 이렇게 묘사되어 있다.

우선 현관에서 징을 울려 산 위에 있는 학생들을 모은 후 줄줄이 문밖으로 나간다. 이를 본 마을에서 하숙하는 이가 뛰어나와 무리에 낀다. 항시 오는 한 사람이 늦잠을 자느라 나오지 않으면 이 층 아래에 가서 호령한다.

6킬로미터 정도 걸었다고 하니 거리가 상당한데, 서생들과 잡담을 하면서 걷는 그 시간은 즐거울 뿐만 아니라 몸과 마음을 정비하는 시간이기도 했으리라. 나도 매일 한 시간 정도 반려견과 함께 산책한다. 특별히 산책 애호가는 아니고, 반려견에게 산책이 필요하다 보니 일과로 삼는 정도다. '오늘은 쉴까?' 하다가도 산책을 나서는데, 집으로 돌아오는 길에는 늘 '다녀오길 잘했네! 기분 전환도 되고 좋군!' 하고 생각한다.

그런 의미에서 보면 산책을 위해 개를 키우는 것도 좋겠다. 무엇보다 개를 키우는 것 자체가 고독감을 줄여주는 효과가 있다. 개를 데리고 다니면 나처럼 개를 데리고 다니는 사람과 이야기를 나누게 된다. 그렇게 섞여 이야기를 나누면 전혀 고독하지 않다. 나는 '반려견은 행복의 원천'이라고 생각한다. 반려견이 곁에 있어주어서 고독을 느끼는 일이 없다.

그리고 기 순환, 즉 몸 전체에 '기'가 흐르도록 만드는 게 매우 중요하다. 나는 이십 대에 기를 순환시키는 도교의 훈련을 받은 적이 있는데, 그때 상당히 좋다고 느꼈다. 태극권도 좋다. 천천히 몸을 움직이면 몸 구석구석까지 혈액이 돌아 추운 겨울에도 몸에서 따뜻한 김이 날 정도다.

핵심은 '기분을 전환하고 기를 발산하듯이 몸을 움직이는 것'이다. 산책을 하든 기공이나 태극권을 하든 '아, 기분 좋다!'라고 느낀다면 기를 제대로 발산한 것이다.

기분에 따라 변하는 몸 상태

우리 기분은 날씨나 기온, 환경에 쉽게 좌우된다. 철학자 오모리 쇼조大森 莊藏 씨는 이를 '천지유정天地有情'이라 불렀다. 우리의 감정과 기분은 천지의 커다란 정감 속에 있다는 의미다.

일반적으로 사람들은 계절과 자연의 변화에 자신의 인생을 비추어보는 경향이 있다. 예를 들면, 벚꽃이 지는 모습을 보고는 아름다운 이별을 떠올리고, 강물의 흐름에서는 인생의 무상함을 느낀다. 맑은 날이면 기분까지 화창해지고, 늘 다녔던 숲에 가서도 그날의 기분에 따라 숲의 공기를 울창하게도 눅눅하게도 느낀다. 이렇듯 자연의 모습과 자신의 기분에 따라 느끼는 바가 달라진다. 무의식중에 '인간은 자연과 일심동체'라고 생각될 만큼 풍부한 감성을 지녔기 때문인데, 이는 매우 훌륭한 자질이다. 외출만 해도 자연과 연결되는 느낌을 얻을 수 있지 않은가!

고독감이 찾아오는 것 같으면 가급적 화창한 날을 골라 집 밖으로 나가보자. '나는 혼자가 아니라 자연과 함께 있다'라는 것을 실감할 수 있고, 좋은 날씨 덕분에 몸도 마음도 가벼워질 것이다.

내가 허벅지를 단련하는 이유

나는 어린 시절부터 '두꺼운 허벅지'를 찬양했다. 앞서 이야기했듯이 씨름이 내 몸에 맞는 운동이라고 여겼을 뿐만 아니라, '허벅지가 굵고 씨름을 잘하는 사람이 최고'라고 생각했기 때문이다. 씨름판에서 밀려날 듯한 상황에서도 '끈질기게 버티는 강인한 정신력과 하체의 힘을 지닌 인간이야말로 정말로 강인한 인간이다. 그렇게 되려면 팔다리를 단련하는 연습을 해야 한다'고 믿어 의심치 않았다. 교수가 된 후에도 이런 굳건한 믿음으로 학생들에게 허벅지를 단련할 것을 강조하고 있다.

초등학생들에게 "두 사람이 한 조를 이루어서 한 사람

이 다른 사람을 업고 미야자와 겐지의 《비에도 지지 않고》를 읊어보라"는 연습을 시킨 적도 있다. 백 명이 넘는 인원이 훈련하니 박력이 넘쳤다. 혼자서 연습해도 되지만, 여러 사람과 몸을 맞춰서 하는 게 더 재미있다.

가령 럭비처럼 여러 사람이 스크럼을 만드는 것이다. 럭비부 학생들을 보면 일체감이 상당히 강하다. 아마도 서로 겨루기를 하면서 형성된 것이리라. 또 탁구의 복식 경기를 보면 공이 넘어올 때마다 번갈아 쳐야 하는 점이 재미있다. 콤비 역할이 중요해서 두 사람이 한 사람처럼 움직여야 하므로 자연스레 서로 연결된 느낌이 생긴다.

물론 반드시 직접 경기를 할 필요는 없다. 축구든 야구든 럭비든 경기장에서 관전하는 것도 좋다. 주위의 관객과 하나가 되어 경기를 응원하는 즐거움이 있으니 말이다. 팬데믹 상황 속에서 무관중 시합을 경험하며 관중 또한 스포츠의 중요한 요소라는 점을 모두가 새로이 깨닫지 않았을까 싶다.

수만 명의 관중이 한 공간을 채우는 느낌은 말로 형용할 수 없다. 응원하는 팀이 멋진 플레이를 보이면 함께 기뻐하고, 기회를 놓치면 함께 탄식한다. 이처럼 선수들을 포함해 그 공간에 있는 전원이 연결된 느낌이 다. 라이브 공연도 마찬가지다. 일어나서 팔을 흔들거나 점프하며 소리를 지르면 그 자리에 함께 있는 모두와 친구가 된 것 같다. 이처럼 스포츠를 관전하거나 라이브 공연을 보면 그 공간에 있는 것만으로도 고독감을 떨쳐낼 수 있다.

그 밖에도 떡 만들기나 축제 가마 들기 등 지역 행사에 참여하거나 마음이 맞는 친구들과 노래방에 가서 신나게 춤추고 노래하는 것도 좋다. 그 순간 한 번의 팀플레이라도 몸이 즐거우면 마음도 즐거운 법이다.

이처럼 여러 사람과 팀을 이루어 놀다 보면 고독감이 덜해진다. 단순히 지인과 함께 차를 마시기만 해도 혼자서 가만히 있을 때와는 다른 재미가 있다. 다른 무엇보다 하반신을 단련해 고독감에 지지 않을 강한 정신을 기르면서 여러 사람과 몸을 움직이며 소통할 기회를 만들면 좋겠다.

고독감을 느끼면 몸도 굳어진다

고독감은 마음을 위축시킨다. 그 외로움이 전염되는

것인지 몸도 굳어진다. 그래서 종종 수족냉증이 생기기도 한다. 반대로 말하면 몸을 따뜻하게 하면 마음까지 포근해진다. 이렇게 하는 방법에는 여러 가지가 있는데, 그중 지압이나 마사지가 좋은 처방이 될 것이다.

지압을 예로 들어보자. 나는 학창 시절에 지압사인 마쓰나가 시즈토增永静人 씨가 설립한 의왕회醫王會라는 지압교실에 다니며 지법을 배운 적이 있다. 배운 내용을 간단히 소개하면 지압을 할 때 너무 세게 누르려고만 하지 말고, 지압을 하는 사람과 지압을 받는 사람 쌍방이 서로 지지해 주듯이 압을 줘야 한다.

그러면 지압을 받는 사람은 지압사가 누르는 것인지 아닌지 모를 만큼 부드럽게 지압을 받는 상태에서 혈 깊숙이 시원한 자극을 느낄 수 있다. 그럼 지압을 하는 사람과 지압을 받는 사람이 하나가 되는 감각을 경험할 수 있는데 그것만으로도 고독감은 해소된다. 그 밖에 마사지를 통해서도 같은 효과를 기대할 수 있으니, 오일 마사지든 건식 마사지든 카이로프랙틱chiropractic이든 선호하는 것을 받으면 된다.

물론 지압이나 마사지를 받지 않아도 가까운 사람이

등을 쓰다듬어 주기만 해도 좋다. 어린 시절 어머니가 등을 쓰다듬어 주시면 마음이 편안해지지 않았는가? 게다가 쓰다듬어 주는 사람도 옥시토신이라는 행복 호르몬이 뇌에서 분비되어 마음이 편안해진다고 하는데, 나는 개를 쓰다듬을 때 이를 실감했다. 이렇게 소개한 여러 방법 중 어떤 것을 활용하든 몸이 풀어지면서 고독감이 달아날 것이다.

또 하나, 몸을 따뜻하게 한다는 의미에서 목욕이나 사우나를 하는 것도 아주 좋은 힐링법이다. 마음이 외로우면 몸이 외롭고, 몸이 외로우면 마음이 외로운 악순환을 일과 중 한 번은 끊어줘야 한다. 나는 매일 밤 사우나를 하며 몸을 데우는 것은 물론이고, 우연히 사우나에서 만난 사람과 가볍게 잡담을 나누면서 자연스레 고독감을 멀리하고 있다. 몸과 마음이 개운해지고 피로가 풀리며 활력도 회복되니 여러분도 꼭 한번 시도해 보면 좋겠다.

5장

나이듦에 관한
4가지 프리즘

청년기의
고독

새로운 환경에서 적응하지 못할까 봐 두렵다면

청년기에는 중학교에서 고등학교로, 고등학교에서 대학교로, 대학교에서 회사로 시기마다 주변 환경이 크게 바뀐다. 그래서 때마다 새로운 인간관계를 만들고 그 환경에 익숙해지지 않으면 고독감으로 힘들어질 가능성이 크다.

그렇게 되지 않으려면 새로운 시기의 첫 한두 달을 어떻게 보내는지가 매우 중요한데, 특히 얼굴만 아는 정도의 관계여도 좋으니 가볍게 인사를 나눌 만한 지인을 빨리 만들어두면 좋다. 이때 나는 학생들에게 다음의 네 가지 조언을 건넨다.

첫째, 다섯 개 정도의 동아리에 들자. 동아리 활동을 하다 보면 활동 성향이 맞지 않아 그만두게 될 수도 있지만, 다섯 개쯤 들어놓으면 나중에 두 개 정도는 유지하게 될 것이다. 내가 신입생들에게 동아리에 가입하기를 추천하는 이유는 동아리에 들지 않으면 대학 생활에 관한 정보를 얻는 게 어렵기 때문이다. 어떤 수업이 재미있는지, 어떻게 하면 학점을 잘 받을 수 있는지, 시험 준비는 어떻게 하는지 등 여러 정보를 얻어야 자신이 하고 싶은 공부나 활동을 꾸려나가기 쉽다.

실제로 동아리에 소속되지 않은 학생 중에는 친한 무리가 없어 점점 소외감을 느끼고 대학 생활에 적응하지 못하는 예도 있다. 한 학기쯤 보내고 나서 아무래도 동아리에 들어야겠다고 생각하지만, 이미 다른 학생들은 지난 학기에 관계를 형성한 상태라 쉽지 않을 수 있으니 역시 처음 학교생활을 시작할 때 드는 게 중요하다.

둘째, 같은 수업을 듣는 사람들과 라인으로 가볍게나

마 연락하고 지내자. 학생들을 보면 수업별로 라인 그룹을 만드는 것 같다. 다들 인사를 하고 나면 그 자리에서 간단히 라인으로 서로의 연락처를 주고받는 식이다. 요즘은 라인 채팅에서 제외되면 수업에 관한 공지 사항조차 알 길이 없어 고립될 위험도 있다. 그러니 신입생이라면 수업 시간이나 학교식당에서 밥을 먹을 때 옆자리에 앉은 사람에게 살짝이나마 말을 걸고, 라인으로 서로의 연락처를 주고받기를 권한다.

셋째, 인간관계에 능숙한 사람과 친해지자. 나도 대학생 때 모두와 친하게 지내는 일이 힘들게 느껴졌다. 하지만 언제나 함께 공부할 만큼 친한 친구는 한 명 있었다. 그 친구는 모두에게 호감을 사는 유형으로, 학교의 모든 정보가 그를 통한다고 할 정도였다. 덕분에 나는 그에게서 많은 정보를 얻을 수 있었다.

대학을 졸업한 지 40년 가까운 세월이 흘렀지만, 나는 여전히 그 친구와 연락하고 있고 덕분에 동창생 네트워크에서 제외되지 않았다. 이런 경험 때문인지 학생들에게 "모든 사람과 친하게 지내지 않아도 된다. 한 명이어도 괜찮으니, 인간관계의 폭이 넓은 사람과 잘 사귀어서 가끔이라도 연락을 주고받으면 좋다. 학회 회장 같은 유형이라면 인간관계로 힘들어하는 경우가 드물 테니, 친하게 지낼 수 있을 것"이라고 조언한다.

넷째, 곤란한 일이 생기면 선생님과 상의하라. 선생은 기본적으로 찾아오는 학생을 가리지 않는다. 인간관계에 능숙하지 않아 고독감으로 힘든 학생이라도 선생에게는 똑같은 제자일 뿐이다. 오히려 선생 자신이 연구자 외길 인생을 걸어왔기 때문에 고독이 무엇인지 잘 알고 있어서, 고독감을 가진 학생에게 공감하기 쉽다.

좀처럼 학교생활에 익숙해지지 않아서 대학에서 하고 싶었던 일도 제대로 못 해보고 있다면, 선생님에게 "뭔가 연구해 보고 싶은데, 좋은 주제가 있을까요?" 하고 상의해 보는 것도 방법이다. 무엇보다도 연구 주제를 정해 보고서를 내거나 모르는 점을 질문하며 선생님과 교류하는 것이야말로 대학에서 해야 할 공부가 아닌가. 그런 '왕도'를 깨닫는 의미에서도 선생과의 교류는 시도해 볼 만한 가치가 있다.

나도 대학에 정을 붙이지 못하던 시기가 있었는데 그때 사회학과 교수님이 무척이나 친절하게 나를 대해 주셔서 일종의 구세주 같았다. 일주일에 한 번, 가령 막스 베버의 책을 읽고 공부한 성과물을 바탕으로 선생님과 대화하곤 했다. 이야기가 끝나면 다음에 읽을 책을 소개 받고, 또 일주일 동안 공부하여 선생님을 찾아가는 일을 반복하며 학교생활 속 리듬을 찾았다. 선생님처럼 나이 도 입장도 다른 어른과 교류하며 학생의 왕도를 찾고, 그 것을 바탕으로 연구의 형태를 이어가는 것. 그런 길을 찾 아도 고독감을 줄일 수 있다.

이상 네 가지 조언은 대학 신입생뿐만 아니라 모든 학 년의 학생과 사회인이 응용할 수 있다. 상사나 선배, 후 배, 동료 등 회사 커뮤니티 속에서 인간관계를 만들 때도 도움이 되면 좋겠다. 단, 주의사항이 한 가지 있다. 학교 에서도 사회에서도 친구나 동료를 만들지 못하고 외로움 이나 불안을 느끼는 사람에게는 '고독의 아우라'가 느껴 진다. 이것이 친구의 탈을 쓴 사기꾼을 불러 모으는 신호 가 될 수 있으니 주의하자.

특히 대학 외 장소가 위험하다. 고독감을 느끼고 있으 면 누군가 거리에서 상냥하게 말을 걸어올 때 자기도 모 르게 그 사람을 따라가기 쉽다. 이런 식으로 다단계 판매나 사이비 종교 등에 휘말리는 사례가 적지 않다. 순간은 친구가 생긴 것으로 착각할지 모르지만, 최악의 경우 자기도 모르게 그들의 이야기에 세뇌되어 다단계 판매나 사이비 종교 활동의 선봉장으로 이용될 수 있다. 그러면 대상으로 가리지 않고 사기를 치게 되고 인간관계는 엉망이 될 것이다. 이렇듯 '고독의 아우라'를 풍기면 사기를 당하기 쉬우니 조심하자.

햄릿을 반면교사로 삼자

청년기의 고독을 전형적으로 그려낸 문학으로는 윌리엄 셰익스피어의《햄릿》을 들 수 있다. 이야기는 햄릿이 부왕의 망령으로부터 '나는 동생 클로디어스(햄릿의 숙부)의 계략으로 살해되었다'는 말을 듣는 것에서 시작된다. 햄릿은 복수를 굳게 맹세하고, 원래대로라면 자신이 왕이 됐어야 했는데 그 운명이 바뀐 것을 한탄하며 이렇게 말한다. "세상의 관절이 다 어긋나버렸어. 아, 참으로 저주받은 운명이구나. 내 굳이 태어나 그것을 바로잡아야 한다니."

'세상의 관절이 어긋났다'니. 굉장한 표현이지만, 이런 생각이 햄릿을 괴롭게 했다. 햄릿은 누구에게도 기대지 않고 스스로를 계속 고립시킨다. 광기를 가장하며 사람들을 멀어지게 만든 것이다. 고뇌하는 햄릿이 자신의 심정을 토로한 명대사가 바로 이것이다. "죽느냐 사느냐 그것이 문제로다."

가련한 이는 햄릿의 연인 오필리아다. 햄릿을 좋아하지만 수도원으로 가라며 내쳐졌으니 말이다. 오필리아는 절망하여 죽어버릴까 생각하지만, 햄릿도 그녀도 혼자서 문제를 안고 있을 뿐이다. 부디 여러분은 《햄릿》을 문학으로서는 음미하되, 홀로 고독을 끌어안고 파멸해 간 햄릿은 반면교사로 삼았으면 좋겠다.

탈 친구지상주의를 외쳐라

사회에 적응하려면 친구는 어느 정도 있는 편이 좋다. 하지만 사회인의 관점에서 친구가 필요한지 본다면 그정도는 아닌 것 같다. 사회에서 좋은 평가를 받는 인물은 '일을 잘하는 사람'으로 그런 능력이라면 인간관계도 잘 꾸려갈 수 있을 것이다. 반면 '친구가 많아서 사회에서 좋은 평가를 받는' 일 따위는 없다.

젊을 때는 친구가 많으면 실력이 뛰어나고 그렇지 않으면 뒤떨어진다고 생각하기 쉽지만, 이런 고정관념에 사로잡히는 것은 좋지 않다. 일단 '인간관계＝친구'라는 개념에서 벗어나 '모든 관계가 친구 사이에 미치지 못해도 괜찮다'고 생각하는 게 적당하다.

학창 시절에 새 학년이 되면 새로운 학우들이 생긴다. 그리고 대학생이 되면 동기들과 새로이 교류하게 되고, 직장인이 되면 업무로 연결된 사람들과 섞인다. 그렇게 인생의 단계가 바뀌면 인간관계도 달라진다.

더러 인생의 단계가 바뀌어도 지속되는 관계도 있을지 모르지만, 대부분은 바쁜 생활 속에서 자연스레 소원해진다. 그렇다. 잘 생각해 보면 인간관계란 일시적이다. 그러니 '친구, 친구' 하면서 여기에 큰 의미를 두지 말고, 같은 반 친구, 같은 학교 동급생, 같은 동아리 친구, 같은 해 입사한 동기, 같은 회사에 다니는 동료 등의 개념으로 인간관계를 받아들이면 된다. 이것만으로도 고독감을 덜 수 있다.

행운유수行雲流水라는 말이 있다. 하늘을 떠도는 구름이나 흐르는 물처럼 한곳에 머무르지 않고, 무엇에도 집착하지 않으며 자연스러움에 몸을 맡기라는 말이다. 여기에 빗대어 생각해 보자. 인간관계란 바뀌기도 하니 때의 흐름에 몸을 맡기고, 그때그때의 활동과 일을 통해 사람들과 교류하면 된다.

중요한 것은 내가 사회의 일원이라는 사실을 자각하고, 규칙을 지키며 행동하는 것이다. 사람으로서 해서는 안 될 일을 하지 않는 것이면 충분하다. 그래서 나는 학생들에게 인간관계에 관해 그 능력을 운운하기보다도 규칙을 지키는 일의 중요성에 관해 가르친다. 가령 사기를 치지 말고, 폭력을 행사하지 말고, 탈세하지 않는 등의 일인데 일일이 말하자면 그 내용이 많다. 인간관계의 규칙은《논어》에 나오는 공자의 이 한마디로 귀결된다. "내가 하기 싫은 일은 남에게도 시키지 말라."

장년기의
고독

고독감의 예방약

소위 청춘이란 언제까지인 걸까? 대학을 졸업할 때까지? 그런데 이 시기에는 특히 고독감에 사로잡히기 쉬운데다 마음이 불안정해지기 쉽다. 반면 대학을 졸업하고 사회인이 되면 고독감을 잊고 지낼 때가 자주 있다. 갑자기 친한 친구가 생기는 것도 아닌데 말이다. 왜 그럴까? 바로 '해야 할 일'이 생겼기 때문이다.

일반적으로 경제활동을 하지 않으면 먹고살기 어렵

다. 만약 생활고에 시달린다면 고독으로 울적해 있을 상황이 아닌 셈이다. 한편 탄력 근무제 등으로 근무 방식이 예전과 많이 달라졌지만, 직장인이 되면 일정 시간 근무하고 퇴근하는 생활을 하게 된다. 덕분에 '고독감을 감지하는 안테나'의 감도가 둔해진 면도 있을 것이다.

이런 점을 고려하면 한창 일하는 장년기를 맞이하면서부터는 일을 중심으로 생활이 흐르면 좋다. 바쁜 일상이 고독감이라는 병을 예방할 수 있기 때문이다. 게다가 일을 하면 돈이 생긴다. 나는 청년기부터 지금까지 시간적으로 여유가 생기면 일을 더 많이 잡으려고 했다. 일이 없어 한가해지는 것이 내게는 고독감에 사로잡히기 쉬운 위기였기 때문이다. 물론 피곤할 때도 더러 있지만, 고독감의 관점에서 보면 바쁜 것이 낫다. 한가한 시간은 고독감의 온상이 될 수 있으니 말이다.

스나프킨의 자유로움 본받기

고독으로 힘들어한 햄릿과 정반대되는 캐릭터가 있다. 토베 얀손의 '무민' 시리즈에 등장하는 스나프킨이다. 그는 '좋은 고독'의 롤 모델이 될 수 있다. 여기서 좋은 고독이란 자신을 몰아세우지 않고 자유롭게 만드는 것으로, 말하자면 혼자만의 시간을 만끽하는 '자유인'을 의미한다. 스나프킨은 무민의 친구로 배낭만 메고 자유롭게 여행하는 것을 사랑한다. 무민 골짜기의 주민들이 겨울잠을 자러 들어가면, 그는 남쪽으로 여행을 떠났다가 봄이 되면 돌아온다.

시리즈 최종인《무민 골짜기의 11월》에서 스나프킨은 겨울이 가까워진 어느 날, 다섯 음색의 빗소리를 포착하기 위해 무민 골짜기로 온다. 그러고는 도착하자마자 곧장 텐트에 틀어박힌다. 이런 장면에서 고독을 사랑하는 스나프킨다운 면모를 느낄 수 있다.

그러고 나서 그는 다시금 여행을 떠난다. 스나프킨은 여행 중에 혼자만의 시간을 즐기고, 여행지에서 만난 사람들과 교류하는 유형이다. 그래서 외로움을 느끼지 않는다. 게다가 봄이 돌아오면 다시 무민을 만날 수 있으니, 이 만남을 기약하며 자신이 '외톨이'라는 생각도 하지 않는다.

스나프킨은 "무민들과 함께 있을 때도 나 혼자일 수 있다"라고 말한다. 역설적인 말로, 무민들이라면 함께 있어도 신경 쓰지 않고, 혼자 자유롭게 행동할 수 있다는 뜻이리라. 무민과 같이 마음을 편안하게 해주는 상대라면, 종종 만나도 '좋은 고독' 속에 있을 수 있다. 그의 자유로운 삶의 방식을 본받고 싶다.

중년기와 노년기의
고독

안타깝게도 마흔이 넘으면 특히 남성은 대부분 인기가 없어진다. 외모에서 나이 든 티가 나는 데다 에너지 넘치는 매력이 줄어들기 때문이다. 최근 유행한 〈내일, 나는 누군가의 여자친구〉라는 만화에서도 아저씨는 이런 존재로 그려진다.

이 만화에서는 나이 많은 남성과 만나고 돈을 받는 여대생, 성형에 중독된 사십 대 여성, 호스트바에 다니는 여성 등 '렌탈 여자친구'가 등장하여 다양한 남성과 쓴 맛의 러브스토리를 전개한다. 물론 중년의 남성만 골라서 만나는 건 아니지만, 가령 렌탈 여자친구인 한 여성이 아저씨와 식사를 하면서 아무렇지 않게 '아저씨는 역시 피부가 더럽구나'라고 생각하는 장면을 보면 나도 모르게 한숨을 쉬며 '그렇기는 하지' 하고 묘하게 납득하게 된다.

중년 남성에게 이것은 거스를 수 없는 현실이다. 정도의 차이는 있겠지만 나이가 들면 누구나 나이 든 티가 난다. 남성뿐만 아니라 여성도 그렇다. 인정하기 싫겠지만, 나이가 들면 젊을 때만큼 피부에 탄력이 없는 것은 사실이다. 하지만 그리 비관할 일은 아니다. 모두 똑같이 나이 들어가기 때문이다. 이것은 젊을 때 연연해하던 '인기'의 문제로부터 해방되는 것을 의미한다.

'이제 인기가 있든 없든 아무래도 좋아!' 이렇게 달관한 순간, 이성에게 어필하지 못해 비롯되는 고독의 문제에서 벗어날 수 있다. 이런 의미에서 사십 대 후반부터는 일종의 인생의 해방기에 접어들 수 있다. 물론 젊었을 때 꽤 인기가 있었다면 이런 해방기로 처음에는 고독할지도 모르겠다. 그렇더라도 충격받지 말자. 과거의 영광에 얽매이지 말고, '나이에 맞는 나'를 받아들이면 인생이 한결 편해질 것이다.

일상에서 행복 찾기

띠가 오십 번 돌면 우리는 '환갑'을 맞게 되지만, 여전히 인생의 재출발지점에 선 듯하다. 60세가 되면 일을 계속하더라도 한창 일하던 현역 때와는 달리 더는 경쟁 사회에 신경 쓰지 않게 된다. 자산이나 연금 등에서 다른 사람들과 격차가 나더라도 젊을 때만큼 '더 열심히 일해야 해', '최상위를 목표로 삼아야 해'라며 초조해하거나 불안해하지 않아도 된다. 이 시기에 중요한 건 내가 좋아하는 일을 하며 나답게 살아가는 것이다.

그 조건 중에 기본은 '청빈'이다. 막부시대 말 후쿠이시가家의 타치바나 아케미橘曙覧(가인이자 국학자-옮긴이 주)가 장자의 권리를 동생에게 양보한 후, 은거하며 노래와 학문에 매진했듯이 환갑이 되어서는 좋아하는 일을 하며 사는 것이 이상적이다. 아케미가 20~30대에 은퇴했다는 설도 있지만, 57세의 나이로 사망한 것을 염두에

둔다면 죽기 전까지 그가 보낸 약 20년의 세월은 현대인의 시니어 라이프와 비슷한 의미를 띤다.

아케미는 일상에서 시의 소재를 찾고, 친근한 말로 노래했다. 생선구이나 두부를 먹는 즐거움, 종이뜨기, 은산 채굴 등의 노동 풍경, 집의 모습 등을 노래로 삼았다. 특히 〈독락음獨樂吟〉이란 시에서 "즐거움이란" 말로 시작해 "…하는 순간"으로 끝마치는 형식을 통해 별스럽지 않은 일상의 풍경에서 즐거움과 기쁨, 행복을 찾아냈다.

즐거움이란, 진기한 책을 빌려 첫 장을 펼치는 순간

즐거움이란, 따뜻하고 맑은 봄가을에 나서는 순간

즐거움이란, 아침에 일어나 어제까지 보지 못한 꽃이 피는 걸 보는 순간

즐거움이란, 오랜만에 생선을 지져 아이들이 맛있다며 먹는 순간

즐거움이란, 마음 터놓을 수 있는 친구와 우스갯소리를 하며 박장대소하는 순간

즐거움이란, 좋아하는 붓을 구해 먼저 물에 적신 후 시험해 보는 순간

즐거움이란, 갖고 싶던 물건을 주머니를 털어 사는 순간

이런 식으로 일상 속 즐거움을 세며 살 수 있다면 중년기 이후의 하루하루를 알차게 보낼 수 있을 것이다. 하루 한 번 〈독락음〉을 읽는 즐거움을 누려보는 것도 좋겠다!

돌담을 쌓는 일

정년퇴직을 하면서 할 일이 없어지면 다시 고독감이 얼굴을 내민다. 특히 일만 해온 사람이라면 회사가 줬던 소속감이 사라지면서 자신이 있을 곳이 없어진 것처럼 느껴질 것이다. 게다가 동네에는 아는 사람도 없고, 종일 집에서 뒹굴뒹굴하는 것도 점점 지겨워져 외톨이가 된 것 같아 불안과 외로움을 느끼게 된다.

이런 상황을 방치하면, 점점 새로운 무언가를 시도하는 일을 겁내게 되고, 무기력해지며 최악의 경우 노인성 우울증에 걸리기도 한다. 하지만 '그럼 일을 하라'고 말할 수도 없다. 그렇기에 혼자서 조금씩 작업하는 재미를 느낄 만한 일을 찾아봐야 한다.

한번은 집을 짓는 TV 프로그램을 보는데, 그야말로 돌을 하나씩 쌓아 돌담을 만드는 아저씨의 일상이 소개되었다. 그 모습을 보고 정말 훌륭하다고 생각했다. 그는 자식도 손주도 있었지만, 직접 지은 통나무집에서 혼자 살며 주변에 돌담을 만들어주는 분이었다.

이 외에도 가령 '도서관에서 책 빌려보기'라거나 '좋아하는 요리 프로그램에서 소개하는 레시피에 도전해 보기', '매일 산책하며 발견한 것을 사진으로 기록해 자비 출판해 보기' 등 꾸준히 할 수 있는 일은 얼마든지 있다. 목표를 세우고 하나씩 해보며 성취감을 느끼는 것이 중요하다. 조금 더 욕심을 낸다면 '미션'이라고 여길 만한 일을 만들면 더욱 좋다. 그럼 사명감을 가지고 행하게 되니 더욱 즐겁고 보람찰 것이다. 나아가 일하던 때와 같이 사회와 연결되어 있다는 것을 실감할 수 있다.

고등학생 때 읽은 키쿠치 칸菊池寬(신현실주의문학의 새 방향을 연 일본의 소설가-옮긴이주)의 《원한을 넘어서恩讐の彼方に》라는 작품이 떠오른다. 주인을 죽였다는 죄를 안고 부젠豊前 야바케이耶馬溪의 난관에 수도隧道를 개척하려는 료카이와 그를 아버지의 적으로 여기는 지츠노스케가 서

로 협력해 료카이의 비원悲願을 이루는 과정을 그렸다.

나는 이 작품을 읽고 무척 감동했다. 주인공은 조금씩 흙을 파서 터널을 완성하는 일을 사명이라고 생각했다. 아마도 터널을 완성했을 때 주인공은 '이제 죽어도 여한이 없다'라는 마음이 들었으리라. 우리 역시 은퇴 후에도 사명감을 품고 할 수 있는 일을 한다면 고독감에 빠질 일은 없을 것이다. 이러한 마음과 통하는 이시카와 다쿠보쿠石川啄木의 작품 속 한 구절을 소개한다. "내게는 기분 좋게 할 일이 있으니 그것을 완성하고 죽으리라."

중년에 부활하는 친구 관계

은퇴하면 일로 만난 사람들과의 인연은 대개 끊긴다. 업무상의 인간관계란 그런 것이다. 그래서 단번에 외로움이 몰려올지도 모르지만, 그리 마음 아파할 일은 아니다. 왜냐하면 환갑 정도에는 신기하게도 학창 시절 친구들과의 관계가 부활하기 때문이다.

일을 하며 가정을 꾸리는 등 육체적, 정신적으로 바쁜 시기를 보내고 나서 여유가 생기면 왠지 모르게 옛 친구들이 그리워진다. 순수한 마음으로 장난을 치고, 뜨겁게

싸우면서도 힘을 합해 무언가를 이루어냈던 사이. 사회
인이 되고서는 학창 시절의 친구 같은 이를 좀처럼 만나
기 어렵다.

가령 몇십 년을 보지 못했는데도 동창회 초대장이 날
아오면 '오랜만에 친구들이나 만나러 가볼까?' 싶은 마음
이 생기지 않는가! 우리 아버지는 일흔, 여든이 넘어서도
초등학교 시절의 친구분들을 만나러 가실 때면 매우 즐
거워하셨다. 학창 시절 친구를 만나면 금세 그 시절로 돌
아가기 때문이다. 졸업한 지 많은 시간이 흘렀어도 "이야,
너 그대로구나" 하고 서로 인사한다. 얼굴을 마주하고
있으면 1분도 되지 않아 소년, 소녀 시절의 얼굴이 나타
난다.

나는 중학교 때 선생님과 지금도 편지를 주고받는다.
근황을 알리는 정도의 이야기지만 선생님과 줄곧 연결된
느낌이 들어서 좋다. 이런 점을 생각하면 나이가 들어 고
독해지면 어쩌지 하고 무작정 걱정하지 않아도 될 것 같
다. 자녀들이 독립했거나 배우자를 잃었거나 독신이거나
사정은 제각각이어도 가끔 옛 친구를 만난다면 위안을
받을 수 있을 것이다.

리어왕에게 배울 점

'노년의 고독'에 관한 나쁜 예는 세익스피어의 희곡에서 찾아볼 수 있다. 소개할 작품은 《리어왕》이다. 나로서는 '이렇게 늙지 말아야지' 싶은 노후를 엿보았다. 비극은 리어왕이 국정에서 물러나고 세 명의 딸에게 영토를 나누어주는 장면에서 시작된다. 그는 딸들에게 아버지인 자신을 생각하는 마음을 피력하게 하여 아버지를 가장 지극히 생각하는 딸에게 많은 유산을 주겠다고 말한다. 이때 셋째 딸인 코델리아는 아버지의 성에 차지 않는 답을 한 탓에 리어왕의 노여움을 산다.

셋째 딸을 제외하고 첫째 딸과 둘째 딸에게 재산을 나누어준 리어왕은 50명의 시종을 데리고 두 딸의 집에 방문하는데, 딸들은 아버지의 시종들까지 먹이고 재워줄 수 없다며 홀로 오게 한다. 리어왕은 첫째 딸과 둘째 딸에게 배신당했다며 분노를 터뜨리고 급기야 절망하여 폭풍우 속을 방황한다. 고독의 수렁에 빠진 노인, 리어왕의 포효가 이어지는 이 장면은 매우 극적이다. "바람아, 불어라! 나의 뺨을 찢을 때까지 불어라. 미쳐 날뛰어라!" 리어왕은 결국 코델리아를 찾아가 위로를 받지만, 결국 "이

놈도 저놈도 모두 살인자다. 모반을 꾀한 놈이다!"라고 외치며 숨을 거둔다.

좋다고 해야 할지 나쁘다고 해야 할지 리어왕은 마지막까지 기운이 넘친다. '미쳐 날뛰는 리어왕'을 보는 게 재미있을지 모르나, 실제로 이런 노인이 가까이 있다면 큰일이다. 왜냐하면 스스로 고독을 자초할 뿐이기 때문이다. 우리는 리어왕의 비극을 통해 '노인이 고독해지지 않으려면 필요한 자세' 세 가지를 배울 수 있다.

첫째, 생전에 재산 증여를 서두르지 않을 것. 상속자가 유산만 받고 나서 피상속인을 돌보지 않을 수도 있다. 둘째, 사소한 일로 화내지 않을 것. 나이가 들면 완고해지고 참을성이 없어지는 탓인지 일이 뜻대로 되지 않으면 금세 화를 내는 경향이 있다. 나는 이를 '노인성 화 증후군'이라고 부르는데, 반드시 주의하는 것이 좋다. 셋째, 자신의 노후는 스스로 책임지도록 준비할 것. 그렇지 않으면 자식에게 짐이 될 수 있다. 이렇게 극 중에서 리어왕의 모습을 참고하여 노후 계획을 세워보는 것도 좋겠다.

살았다, 썼다,
사랑했다

부모님과의 이별

살다 보면 어쩔 수 없이 소중한 사람의 죽음을 겪게 된다. 그럼 마음에 구멍이 난 것처럼 아파서 그 충격에서 좀체 회복하지 못하기도 한다. 그렇더라도 어린 나이에 부모님을 여의거나 자식을 먼저 하늘나라로 떠나보내거나 배우자가 먼저 사망하는 등 충격이 매우 큰 죽음을 제외하면, 너무 오랫동안 슬퍼하지 않고 점차 극복할 수 있다. 나는 그렇게 생각한다.

소중한 사람의 죽음 중에서 가장 가까운 이는 부모님일 것이다. 주위를 둘러보면, 자식의 나이가 마흔이나 쉰을 넘기면 부모님이 돌아가시는 일이 잦아진다. 이때 고독하다고 느낀다면 조금 이상하다. 왜냐하면 부모님이 자식보다 일찍 세상을 떠나는 일은 일반적이기 때문이다.

물론 늘 곁에 계시던 부모님이 돌아가시면 매우 외롭고 슬프지만, 그 감정을 뒤집어보면 부모님이 생전에 나를 무척이나 사랑하고 아껴주셨다는 것을 의미하기도 한다. 그렇다면 감사한 인생이 아닌가. 게다가 부모님은 언제나 내 안에 살아 계신다! 부모님의 유전자를 받아 지금의 내가 있는 것이니, 죽을 때까지 부모님의 유전자와 함께 살아가는 셈이다.

비석에 말을 걸다

이렇게 이해하려고 해도 고독감이 잘 사라지지 않는다면 불단이나 비석을 향해 말을 걸어보면 어떨까? 부모님께 말을 걸듯 말이다. "오늘은 중요한 일이 있어요. 열심히 할 테니 지켜봐 주세요", "오늘은 쉬는 날이에요. 오랜만에 소꿉친구랑 만나서 점심을 먹기로 했어요", "오늘은 부모님 기일이네요. 맛있는 과자를 올려놓을 테니, 맛있게 드세요!" 이렇게 말을 건다면 고독했던 마음이 점점 나아지고 하루를 잘 보낼 수 있을 것이다. 혹은 일과를 마치고 잠들기 전, 오늘 하루 있었던 일이나 가족의 근황, 고민거리를 털어놓으며 부모님과의 추억을 꺼내 보아도 좋을 것 같다.

요즘은 불단이나 비석을 두지 않는 집도 많은 듯하다. 이때는 부모님과 함께 찍은 사진이나 평소 부모님이 아끼시던 물건, 부모님이 만들어주신 물건 등에 고인이 깃들어 있다고 여기며 말을 건네도 좋다. 그 대상을 부모님이라 여기고 매일 이야기하다 보면 고인과 함께 있다는 실감이 더해질 것이다.

나도 서예를 하시던 아버지가 쓰신 글을 벽에 걸어두고, 인쇄하여 티셔츠로 만들어 입기도 했다. 아버지의 글을 보고 있노라면 아버지가 지금도 살아계신 것 같다. 어떤 형태이든 공양은 살아 있는 사람을 위한 것. 고인과 교류하면 마음이 점차 안정될 것이다.

저승길에 가져갈 선물

　부모님이 돌아가시면 '이렇게 해드릴걸…', '더 자주 뵈러 갈걸…', '그때 그런 말은 하는 게 아니었는데…' 하고 후회하고 괴로워하는 사람들이 많은 것 같다. 그런데 이런 마음이 들면 상실감은 더욱 깊어진다. 이렇게 후회하지 않으려면 부모님이 살아계실 때 효도를 하면 된다.

　나는 부모님을 모두 여의었지만, 슬픈 마음이 많이 들지는 않는다. 부모님이 살아계실 때 맛있는 간식을 먹으며 밤늦도록 많은 이야기를 나눈 덕분이리라. 물론 후회가 전혀 없다면 거짓말이다. 부모님과 멀리 떨어져 살아서 자주 만나지 못했기 때문에 '좀 더 자주 뵈러 갔더라면' 하는 마음도 있다. 그래도 '어떻게 그렇게 오랫동안 수다를 떨었을까?' 싶을 만큼 긴 시간을 함께하고 많은 얘기를 나누었다. 그 추억을 생각하면 부모님이 내 마음속에 살아계신 것 같아서 무거운 마음을 조금이나마 덜 수 있다. 이렇게 생각하니 부모님이 살아계실 때 자주 찾아뵙고, 이야기를 나누며 진하게 교류한다면 나중에 부모님이 돌아가셔도 후회가 많이 남지 않을 듯하다.

　나는 주변 사람들에게 '저승길에 가져갈 선물'처럼 부

모님께 효도하라고 말한다. 나이가 들어 살날이 많지 않은 부모님이 '좋은 추억이 또 하나 생겼네! 안심하고 저세상으로 갈 수 있겠어' 하고 생각하시도록 효도하라는 뜻이다. 실로 좋은 말이 아닌가? 내 부모님은 이런 선물을 가득 안고 가셨으면 싶지 않은가.

가령 부모님이 텔레비전을 보시다가 "아이고, 장어덮밥이 참 맛있어 보이는구나. 나중에 같이 먹으러 가자"라고 하시면 모시고 장어덮밥을 먹으러 가면 된다. 여행도 마찬가지다. 부모님이 가고 싶어 하시는 곳으로 함께 떠나 관광을 즐기는 것이다. 이렇게 자연스럽고 편안하게 효도하는 마음을 가지면 부모님이 돌아가셔도 크게 후회하지 않을 것이다.

'저승길에 가져갈 선물'이라는 말은 나 자신에게도 해당한다. '그래, 나도 저승길에 가져갈 선물로 이걸 해볼까? 저걸 해볼까?' 하고 생각하면 자연스레 행동력이 상승할 것이다. 이 역시 나이듦의 고독을 구제하는 즐거움이다.

주사 맞는 순서 기다리기

이번에는 나 자신의 죽음에 관해 생각해 보자. 죽음이란 누구에게나 두렵고 무서운 것이다. 나 역시 마찬가지다. 그 유명한 료칸良寬 스님도 죽는 순간에 "죽고 싶지 않다"라고 하셨다는데, 더 말할 것이 무엇인가. 물론 료칸 스님은 죽음에 관해 이런 명언도 남기셨다.

재난을 만나는 때는 재난을 만나야 한다.
죽을 때는 죽어야 한다.
이것이 옳다, 재난을 면하는 묘법이다.

나는 죽음을 떠올리면, 꼭 초등학생 때 주사를 맞기 위해 내 차례를 기다릴 때와 같은 기분이 든다. 주사 맞는 게 정말 싫지만 피할 방법은 없어서 다들 차례대로 주사를 맞는다. 이와 마찬가지로 죽음을 피할 수 있는 사람은 없다. 언젠가 내게도 그 차례가 오리라 생각한다.

죽음과 주사의 차이라면, 주사는 먼저 맞은 친구에게 아프냐고 물어보거나 내가 맞은 후에 '진짜 아프네' 하고 느낄 수 있지만, 죽음은 누구에게 물어볼 수도, 아픈지

안 아픈지 직접 느낄 수도 없다.

지금도 나는 건강 검진을 위해 피를 뽑을 때마다 죽음에 관해 생각한다. 그리고 '이렇게 순서대로 죽음을 맞는 거지' 하고 더 내쉴 숨이 없을 때까지 숨을 내쉬면서 죽는 연습을 한다. 실제로 죽으면 그 후에는 아무렇지도 않을 것이라고 생각하니, 필요 이상으로 죽음을 두려워하지 않아도 될 것 같다. 죽으면 의식이 없으니 말이다. 의식이 있는 동안에는 죽음이 찾아오지 않는다고 생각하며 더욱 활기차게 삶을 살아가면 된다.

고독사 예방하기

'인생이란 혼자 왔다 혼자 가는 것'이라는 말을 자주 듣는다. 맞는 말이지만 태어날 때는 부모가 환영해 주니 고독이라고 여길 것도 없다. 하지만 죽을 때는 아무리 많은 사람이 환송하여도 혼자 떠나게 된다. 즉, 인간은 누구나 고독하게 떠난다. 따라서 죽음은 본질적으로 고독하다고 할 수 있다.

최근 문제가 되는 '고독사'는 이 점을 염두에 두고 생각해 봐야 한다. 우선 고독사는 '죽는 방식'의 문제라고 봐야 한다. 핵심은 무연고 사망이 되지 않도록 하는 것이다. 혼자 사는 사람이라면 '만에 하나, 내가 정신을 잃고 쓰러지면 하루 이틀 내에 누군가 알아차릴 수 있도록' 태세를 정비해 둬야 한다.

방법은 많다. 따로 사는 가족이 있다면 매일 아침 연락을 하는 것이다. 스마트폰으로 문자를 보내거나 스마트폰이 없다면 전화를 하면 된다. 또 정기 배송을 이용하거나 주기적으로 주간 보호 서비스를 받도록 신청한다면 혼자 사는 사람에게 무슨 일이 생겼을 때 최대한 빨리 신변의 이상을 알릴 수 있다. 그 밖에도 지역 활동이나 취미 동아리, 학원에 다니며 적어도 일주일의 절반은 외출하는 일정을 만드는 것도 한 방법이다. 어떤 방법이든 내가 살아 있음을 알리는 수단을 마련해 두는 게 중요하다.

독신은 고독이 아니다

요즘에는 미혼이어서 고독하다고 생각하지 않는 분위기이다. '결혼=속박'이라고 여기는 청년들이 늘어나면서 어쩌면 '촌스럽게 결혼을 왜 해?'라는 식의 가치관이 오가는 시대가 올지도 모르겠다. 실제로 일본 인구문제연

구소의 〈인구통계자료집〉(2021년 판)에 따르면 연령별 미혼율은 다음과 같다.

- 50세: 남성 23.37%, 여성 14.06%
- 35~39세: 남성 38.5%, 여성 26.2%
- 30~34세: 남성 51.8%, 여성 38.5%
- 25~29세: 남성 76.4%, 여성 65.8%

이 숫자를 통해 가장 먼저 알 수 있는 것은 결혼 연령이 늦어지고 있다는 사실이다. 1970년대에는 삼십 대 초반 미혼 남성이 11.7%, 미혼 여성이 7.2%에 불과했다. 게다가 50세 미혼 남성은 1.70%, 미혼 여성은 3.33%로 거의 없다고 해도 될 만큼 적었다. 고작 반세기 만에 결혼의 실태가 이렇게 많이 달라졌다. 이런 현상을 통해 그러니 결혼하라고 말할 생각은 없다. 오히려 사람들이 이제 혼자 사는 것에 관해 그리 신경 쓰지 않아도 된다는 걸 알았으면 한다.

청년기 및 중년기 이상의 사람들에게 다음의 두 가지를 조언하고 싶다. 우선 청년기 솔로들에게 하고 싶은 말이다. 결혼의 여부는 이성에 대한 인기도의 문제가 아니다. 사회가 변한 것이니 미혼이라는 이유로 주눅 들지 않아도 된다. 다만 연애의 기회마저 놓치는 것은 아깝다.

나이를 먹으면 이성을 보는 눈이 까다로워지는 경향이 있으니, 이상향을 너무 높게 가지지 말고, 만남 자체를 인연이라고 여기며 적극적으로 이성을 만나보면 어떨까? 상대를 너무 고르다 보면 모처럼의 좋은 기회마저 날려버릴지도 모르니 말이다.

다음은 중년기 이상의 솔로들에게 전하는 조언이다. 요즘은 남녀를 불문하고 독신이 정말 많다. 그중에는 계속 독신이었던 사람도 있고, 배우자가 사망하거나 배우자와 이혼하면서 솔로가 된 사람도 있을 것이다. 그런데 이때 '독신=고독'으로 오해하지 말았으면 한다. 단독자로서 '혼자만의 봄'을 누린다고 생각하면 될 일이다.

기혼자 중에는 종종 아이를 가지지 못했거나 자녀가 있지만 관계가 소원해 외로움을 느끼는 사람들도 있는데, 그들에게는 '후계자'라는 개념을 알려주고 싶다. 애니메이션 〈귀멸의 칼날〉에서 언급되는 것으로 자식 같은 존재의 제자를 육성하는 것을 뜻한다. 가령 여러분이 선생이라면 연간 몇백 명의 후계자를 얻을 수 있다. 마음을 다해 그들을 가르친다면 제자들은 실제 여러분의 자식보다 그 이상의 역할을 할 것이다.

중년기는 '아이를 기르는 기쁨'에 눈뜨는 때이기도 하다. 제자를 통해 의식적으로나마 후계자를 가질 수 있다면 자녀와 관련된 고독감에서 해방될 것이다. 좋은 예가 막부시대 말의 지사, 요시다 쇼인吉田松陰이다. 그는 배우자와 자식 없이 서른 살의 젊은 나이에 세상을 떠났지만 우수한 문하생을 여럿 키워냈다. 그 제자들이 쇼인의 유지를 이어받아 메이지 유신이라는 새로운 시대를 열었다고 생각하면 자식이 없는 걸 슬퍼할 필요는 없어 보인다.

"비록 몸은 무사시 들판에 썩어도 세상에 남겨지는 야마토 정신은 영원하다." 요시다 쇼인의 저작《유혼록幽魂錄》의 서두를 장식하는 이 글귀에 담긴 기개로, 중년기 이후의 인생을 알차게 살아보자.

자기만의 정원을 가꾸는
단독자들을 위하여

 돌이켜보면 나는 젊은 시절 한때 분명히 고독을 느꼈다. '무언가가 되고 싶다. 다른 사람들과 똑같은 일을 해서는 안 된다. 남들과 다른 무언가를 하고 싶다'고 생각하며 나 자신을 고독감 속으로 몰아넣었다.

 재수하던 시절에는 '큰 인물이 되고 싶다'는 야망이 있었지만, 그런 것치고는 눈앞의 수험 공부는 하기 싫은 모순도 갖고 있었다. 결국 내가 장래로 이어지는 길로서 찾은 것은 '교양을 쌓아 자기自己를 형성해 가는 것'이었다.

그리고 내가 안고 있는 고독감을 내 성장의 밑거름으로 삼겠다고 결심하고, 교양의 길로 나아갔다.

수험 공부에는 상당한 방해가 되는데도 불구하고 로맹 롤랑에 빠져 《장 크리스토프》를 열중해 읽거나 하야시 다다오林尹夫의 《나의 생명 밝은 달빛에 불타오르고ゎがいのち月明に燃ゆ》를 읽고 학도병으로 목숨을 잃은 사람들의 혼을 이어가는 사명에 불타거나 도스토옙스키나 괴테, 니체 등의 위인에 빠져 '그들을 내 편으로 삼아 살아가겠다'고 결심하기도 했다. 고독의 시간을 그저 선인들의 혼을 이어가는 데 쏟아부은 것이다.

이런 상황은 서른 내외까지 이어졌고, 아무리 시간이 흘러도 내세울 만한 무언가가 되지 못한 아쉬움도 있었지만 결과적으로는 좋은 시간이었다고 생각한다. 단독자로서 살 각오를 다지고 그 후의 길을 개척해 나갈 수 있었기 때문이다.

나는 대학생들을 만나면서 그들이 고독감으로 힘들어하는 모습을 자주 목격한다. 고독에 관해서라면 남들보다 훨씬 많이 알고 있다고 자부하는 나는, 내가 독서를 통해 익힌 자기긍정감을 높이는 법을 그들과 나누려는 마음으로 수업에 임하고 있다. 이 책의 밑바탕에는 그런 마음이 깔려 있다.

이 책을 본 여러분은 선택받은 사람들이다. 마음이 '고 독감'에 사로잡히지 않고, 교양의 힘으로 그것을 쫓아낼 수 있는 강인함을 갖추고 있다. 앞으로는 여러분이 이 책 을 통해 얻은 교양으로 주위의 고민하는 이들을 비춰주 기를 바란다.

고독감은 '지성의 힘'으로 날려버리자! 교양을 갖추는 것을 목표로 삼으면, 고독감은 더는 적이 아닌, 단단하고 풍요로운 인생을 살게 하는 아군이 되어줄 것이다.

1장 잃어버린 고독의 시간을 찾아서

- 프리드리히 니체 저, 《차라투스트라는 이렇게 말했다》, 민음사, 2004.
- 요시카와 에이지 저, 《미야모토 무사시》, 잇북, 2019.
- 나카지마 아쓰시 저, 《산월기》, 문예출판사, 2016.
- 미야자와 겐지 저, 《미야자와 겐지 걸작선》, 바다출판사, 2022.

2장 친구가 많지 않아도 행복한 사람들

- 장자 저, 《장자》.
- 다자이 오사무 저, 《달려라 메로스》, 민음사, 2022.
- 후쿠자와 유키치 저, 《학문을 권함》, 기파랑, 2011.
- 표도르 도스토옙스키 저, 《도스토옙스키, 죽음의 집에서 살아나다》, 반딧불이, 2021.
- 아쿠타가와 류노스케 저, 《라쇼몬》, 민음사, 2014.

3장 고독을 교양으로 만드는 축적의 시간

- 가쓰 가이슈 저, 《히카와 세이와 氷川淸話》, 講談社学術文庫, 2000.
- 후쿠자와 유키치 저, 《후쿠자와 유키치 자서전》, 이산, 2006.
- 다자이 오사무 저, 《인간 실격》, 민음사, 2004.
- 표도르 도스토예프스키 저, 《죄와 벌》, 민음사, 2012.
- 너대니엘 호손 저, 《주홍글씨》, 문예출판사, 2004.

- 사마천 저,《사기》.
- 미야모토 무사시 저,《오륜서》, 잇북, 2019.
- 사이토 모키치 저,《만요슈 선집》, AK, 2020.
- 아르투르 쇼펜하우어 저,《쇼펜하우어의 행복론과 인생론》, 을유문화사, 2013.
- 반고 저,《한서》.
- 노자 저,《노자》.

4장 자기만의 방을 만드는 은둔의 기술

- 소포클레스 저,《오이디푸스 왕》, 민음사, 2009.
- 안네 프랑크 저,《안네의 일기》, 책세상, 2021.
- 안데르스 한센 저,《인스타 브레인》, 동양북스, 2020.
- 후쿠자와 유키치 저,《평상복의 후쿠자와 유키치ふだん着の福澤諭吉》, 慶應義塾大学出版会, 1998.

5장 나이듦에 관한 4가지 프리즘

- 윌리엄 셰익스피어 저,《햄릿》, 민음사, 2001.
- 공자 저,《논어》.
- 토베 얀손 저,《무민 골짜기의 11월》, 소년한길, 2012.
- 윌리엄 셰익스피어 저,《리어왕》, 민음사, 2005.

옮긴이 황미숙

이와이 슌지 감독의 영화들이 계기가 되어 시작한 일본어로 먹고사는 통번역사. 늘 새롭고 다양한 분야를 넘나들며 즐거움과 깨달음을 얻고, 항상 설레는 인생을 꿈꾼다. 경희대 국어국문학과를 졸업하고 한국외국어대학교 통번역 대학원 일본어과 석사 취득. 현재 번역 에이전시 엔터스코리아 출판기획 및 일본어 전문 번역가로 활동하고 있다. 주요 역서로는《진작 이렇게 말할걸》,《책 읽는 사람만이 닿을 수 있는 곳》,《어른의 말공부》외 다수가 있다.

단독자

1판 1쇄 발행 2023년 9월 24일
1판 2쇄 발행 2024년 8월 12일

지은이 사이토 다카시
옮긴이 황미숙

발행인 양원석 **책임편집** 김율리
디자인 남미현, 김미선 **영업마케팅** 양정길, 윤송, 김지현

펴낸 곳 ㈜알에이치코리아
주소 서울시 금천구 가산디지털2로 53, 20층 (가산동, 한라시그마밸리)
편집문의 02-6443-8826 **도서문의** 02-6443-8800
홈페이지 http://rhk.co.kr
등록 2004년 1월 15일 제2-3726호

ISBN 978-89-255-7595-7 (03320)